EXPOSITION UNIVERSELLE DE 1867

A. PARIS

RAPPORTS DU JURY INTERNATIONAL

PUBLIÉS SOUS LA DIRECTION

DE M. MICHEL CHEVALIER

FERS ET ACIERS OUVRÉS

CUIVRES BRUTS ET RAFFINÉS

PAR

M. J. MARTELET

Ingénieur au Corps Impérial des Mines.

PARIS

IMPRIMERIE ET LIBRAIRIE ADMINISTRATIVES DE PAUL DUPONT

RUE DE GRENELLE-SAINT-HONORÉ, 45

1867

FERS ET ACIERS OUVRÉS

Par M. J. MARTELET.

—

L'étude des fers et des aciers ouvrés, qui termine en le complétant le travail relatif à la métallurgie du fer, embrasse un nombre presque infini d'objets très-différents de forme et d'apparence, mais rattachés entre eux par des liens nombreux, en raison de leur communauté d'origine et des analogies que présentent les procédés de leur mise en œuvre. Cette étude est par elle-même des plus intéressantes, car c'est dans une semblable réunion d'industries congénères que se manifeste surtout la fécondité de l'esprit humain, habile à chercher et à saisir les divers modes d'utilisation de la matière, et ingénieux à adapter, par mille combinaisons, cette matière successivement transformée à tous les usages de la vie pratique. Nous avons cru ajouter à cet intérêt en traitant séparément des diverses catégories dans lesquelles nous avons cherché à classer les objets soumis à notre examen ; c'est pourquoi nous avons divisé ce Rapport en chapitres, dont chacun, consacré aux industries d'une même famille, forme une notice spéciale et distincte, tout en se rattachant, autant que l'a permis la nature du sujet, à l'idée d'ensemble du travail. Les premiers chapitres sont relatifs aux produits qui dérivent plus directement de l'industrie métallurgique proprement dite ; les suivants traitent des fabrications plus spéciales, dans lesquelles la main-d'œuvre intervient pour une part plus considérable, et qui s'adressent à des usages plus variés et plus complexes.

Voici l'ordre et la désignation de ces chapitres :

1. Pièces de forge.
2. Tubes et fers creux.
3. Tréfilerie.
4. Clouterie.
5. Tissus métalliques et tôles perforées.
6. Aiguilles.
7. Ferronnerie.
8. Quincaillerie.
9. Taillanderie.

CHAPITRE I.

PIÈCES DE FORGE.

Nous comprenons plus particulièrement sous cette dénomination les pièces métalliques de grandes dimensions, forgées ou laminées, dont la fabrication présente des difficultés spéciales et exige l'emploi de moyens mécaniques énergiques ; tels sont les grands arbres coudés des machines marines, les plaques de blindage, les étambots, les étraves et les gouvernails en fer, dont l'usage se généralise depuis quelque temps dans les constructions navales. Les autres pièces forgées, telles que roues, bandages, essieux ou organes divers de machines, sont, pour la plupart, fabriquées dans les grands ateliers de construction, dont l'examen trouve sa place dans une autre partie de cet ouvrage ; nous ne nous en occuperons donc pas.

Au point de vue restreint que nous envisageons, c'est la France qui nous offre les spécimens les plus intéressants, et, en France, c'est un centre métallurgique placé dans une situation exceptionnellement favorable, qui appelle principalement notre attention. Ce centre est le bassin de Rive-de-Gier où les diverses industries qui se rapportent à la mise en œuvre de l'acier et du fer se sont, depuis quelques années surtout, développées avec une activité remarquable. Aujourd'hui, Rive-de-Gier et les villes voisines, Saint-Étienne, Saint-Chamond, le Chambon-Feugerolles, sont peuplés d'ateliers de toute nature, où le fer et l'acier sont soumis aux applications les plus variées, et où une accumulation de puissance mécanique, favorisée par la présence d'un combustible abondant, a permis d'entreprendre l'élaboration des masses métalliques les plus considérables.

Il a été fait dans une autre section une description détaillée des vastes établissements de la société Pétin, Gaudet et Cie, qui réunissent à une production d'acier fondu sans rivale en France, la fabrication des grandes pièces en fer pour la marine, et surtout celle des plaques de blindage, pour lesquelles cette maison célèbre a acquis une juste renommée ; aussi nous bornerons-nous à rappeler ici que les forges de Saint-Chamond et de Rive-de-Gier ont eu une part légitime du succès obtenu par la belle exposition installée dans le parc, à droite de la porte d'Iéna.

Nous avons à insister plus particulièrement sur les produits exposés par MM. Marrel frères, de Rive-de-Gier, forgerons habiles, dont la maison, créée en 1852, acquiert chaque jour plus d'importance. La pièce capitale de cette exposition était un arbre à 3 coudes, du poids de 30,180 kilogrammes, destiné à la frégate cuirassée *le Suffren* ; cet arbre, le plus remarquable peut-être en ce genre qui ait jamais été forgé, aussi bien par ses dimensions exceptionnelles que par la perfection de son exécution, présentait en outre l'incontestable mérite d'avoir été achevé en 32 jours seulement. Deux arbres semblables, mais terminés et ajustés, et, par suite, un peu moins lourds, ceux des vaisseaux *le Friedland* et *le Marengo*, se voyaient sur la berge, dans le hangar des machines marines ; enfin, un quatrième arbre à 4 coudes, terminé aussi mais plus petit, et pesant seulement 10,000 kilogrammes, figurait à côté du premier, dans l'exposition principale. Indépendamment de leurs arbres de couche, MM. Marrel exposaient les modèles en bois de deux pièces dont l'exécution résume toutes les difficultés de l'art du forgeron, et qui entrent aujourd'hui dans leur fabrication courante; c'étaient le modèle de l'étrave de la frégate prussienne *le Prince-Frédéric-Charles*, et celui de l'étambot de la frégate espagnole *la Numancia*; cette dernière pièce, entièrement forgée au pilon et sans assemblage ni enture d'aucune sorte, pèse 20,040 kilogrammes et mesure 11^{m}50 de hauteur sur 7^{m}50 de longueur dans le sens de la quille. Divers organes de machines, un longeron de locomotive en forte tôle, des essieux et des plaques de blindage, dont l'une repliée à froid sur elle-même pour montrer la ténacité du fer, complétaient cette exposition, qui a été fort appréciée de tous les hommes compétents, et qui l'eût été plus encore peut-être si l'on eût pu grouper dans un même espace des produits que le manque de place a malheureusement fait disséminer sur plusieurs points.

Quelques chiffres paraîtront sans doute nécessaires pour juger de la puissance de production de cette maison, dirigée avec une supériorité que nous nous plaisons à constater, par M. J.-B. Marrel, l'aîné des six frères associés. En trois ans, les usines de Rive-de-Gier et de la Capelette à Marseille ont fabriqué six grands arbres à 3 coudes, d'un poids variant de 23,500 à 26,500 kilogrammes; depuis 1859, elles ont livré, soit à la Compagnie des Forges et Chantiers de la Méditerranée, soit aux Messageries impériales, 51 étambots ou étraves en fer, pesant de 5 à 20 tonnes; enfin elles ont, depuis 1861, fourni les plaques de 34 navires cuirassés de diverses grandeurs, dont 10 appartiennent à la marine impériale française. L'outillage des établissements est en rapport avec l'importance des produits; les usines à pilons renferment 17 marteaux, dont le plus gros pèse 20,000 kilogrammes et peut, par l'addition d'étampes plus ou moins lourdes, être surchargé de 10,000 kilogrammes; le laminoir comprend sept trains divers, un train universel conduit par une machine de 250 chevaux et deux presses hydrauliques pour cintrer à froid les blindages, développant chacune une pression de 1,250 tonnes; en outre, on vient d'installer, dans un atelier spécial, un nouveau laminoir universel à 4 cylindres, de la force de 800 chevaux, dont le modèle a figuré dans la galerie des machines, classe 47. Ce dernier appareil, dont les cylindres horizontaux ont 1 mètre de diamètre, 3 mètres de longueur de table et une levée de 70 centimètres, servira à laminer des plaques de blindage de toute dimension et des tôles de grande largeur; il est également destiné à la fabrication des grands fers à T et à double T, avec ou sans nervures intermédiaires, pour lesquels la maison Marrel est brevetée, et qui, obtenus désormais à un prix relativement modéré, seront d'un emploi avantageux dans les grandes constructions civiles aussi bien que dans les constructions navales. Les essais faits jusqu'à ce jour montrent que l'on pourra arriver, dans cette fabrication sans précédents, à une hauteur de 1^m60 avec 30 centimètres de largeur d'ailettes et des longueurs qui dépasseront 10 mètres.

Nous ne croyons pas à propos d'entrer ici dans le détail des procédés suivis dans les diverses opérations, mais nous noterons toutefois les faits suivants qui se rapportent aux dimensions et à la nature des éléments mis en œuvre. Les loupes de puddlage pèsent en moyenne 200 kilogrammes; l'on pourrait aisément augmenter ce poids, mais les avantages apparents que présenterait le traitement de masses plus volumineuses ne compenseraient pas l'inconvénient résultant de la plus grande difficulté du cinglage pour l'expulsion complète des scories. Dans la composition des paquets pour le forgeage des grosses pièces, telles que les arbres coudés dont nous avons parlé plus haut, l'on emploie exclusivement le fer brut, c'est-à-dire cinglé, dégrossi et réchauffé sans corroyage; on obtient ainsi une soudure plus parfaite et une plus grande homogénéité. On se sert, au contraire, de fer ballé ou corroyé pour les plaques de blindage, pour lesquelles le laminage a, aujourd'hui, complétement remplacé le travail au marteau-pilon.

A côté de la maison Marrel, nous citerons, comme occupant parmi les forges de grosses œuvres un rang des plus honorables, l'établissement de MM. Russery et Lacombe, situé également à Rive-de-Gier et représenté à l'Exposition par une série de spécimens des plus remarquables. Ces industriels exposaient, entre autres objets d'exécution difficile, un gouvernail de navire, en fer, forgé d'une seule pièce, ayant 13 mètres de haut et pesant 5,000 kilogrammes. C'est le trente-septième de ce genre qu'ils livrent, depuis cinq ou six ans, aux ateliers de construction de Saint-Nazaire ou à ceux des Forges et Chantiers de la Méditerranée. Ils fabriquent également toutes les pièces entrant dans la composition des machines et celles du matériel roulant des chemins de fer, dont plusieurs ont donné lieu à des perfectionnements importants. L'on a pu voir parmi leurs produits des roues de wagons à rayons en fer assemblés dans un moyeu sans soudure, également en fer, et surtout des essieux de locomotive à coudes cintrés au marteau-pilon, qui présentent, au point de vue de la solidité, des avantages incontestables. Par les procédés ordinaires on fabrique l'essieu coudé en découpant dans une forte plaque de fer, soit à la tranche, soit à la machine à mortaiser, toutes les parties évidées, puis en opérant une torsion sur l'axe pour amener les coudes dans des positions perpendiculaires entre elles, ce qui altère doublement la force de résistance du métal. L'invention de MM. Russery et Lacombe, qui consiste dans l'emploi de matrices verticales et horizontales pour le cintrage à chaud des parties coudées, remédie à cet inconvénient en conservant les fibres du fer intactes dans toute leur longueur et en leur faisant suivre tous les contours de la pièce forgée. Une trousse, composée de barres de fer de deux largeurs différentes, de façon à croiser les joints, est chauffée et corroyée avec réserve de deux renflements aux places que doivent occuper les coudes ; puis chaque renflement est chauffé et porté successivement sous le marteau muni d'étampes ou matrices verticales, qui lui donnent la forme cintrée qu'il doit avoir ; les coudes une fois ébauchés, on les finit à l'aide de matrices horizontales et l'on termine la pièce à la petite forge. Le même mode de travail peut évidemment s'appliquer aux essieux en acier et permet de réaliser une économie notable ; du reste, MM. Russery et Lacombe ont déjà cédé une partie de leur brevet à deux autres maisons qui l'exploitent concurremment avec eux.

D'autres usines importantes et nombreuses ont exposé des produits forgés, dont l'examen pourrait trouver place ici s'il n'en était fait une description circonstanciée dans les Rapports consacrés spécialement à la métallurgie du fer ; ce serait faire un double emploi que de nous y arrêter ; aussi nous bornerons-nous à mentionner, dans chaque pays, celles qui ont présenté les pièces les plus intéressantes. Nous citerons ainsi, en France, les forges de Fourchambault, de Niederbronn et de la Providence, pour leurs roues et leurs bandages ; en Angleterre, l'usine de F. Brown et Cie, à Sheffield, pour ses plaques de blindage ; celles de Bowling, à Bradfort, et de Monkbridge, à Leeds, pour leurs bandages et leurs essieux ; en Prusse, les ateliers de M. Borsig, à Berlin, dont les lopins et les tôles de grandes dimensions ont été fort remarqués ; enfin, en Autriche, les établissements de M. F. de Mayr, à Leoben, du comte Henckel de Donnersmarck, et des compagnies des chemins de fer autrichiens, à Vienne et à Gratz, pour leurs pièces de construction en fer ou en acier.

CHAPITRE II.

TUBES ET FERS CREUX.

La fabrication des tubes en fer a pris naissance et s'est développée en Angleterre ; c'est en 1808 que James Russell, fondateur de la maison J. Russell et fils, eut l'idée, à l'occasion d'une grève des ouvriers canonniers de Birmingham, de faire des canons de fusil au laminoir et fut ainsi amené à fabriquer, pour divers usages, des tubes à parois parallèles. Cette industrie a été peu florissante jusqu'en 1818; mais à cette époque, où l'éclairage au gaz commença à se répandre, elle prit une extension considérable qui n'a fait que s'accroître depuis que des perfectionnements intelligents ont permis de substituer le fer au cuivre rouge et au laiton dans les chaudières tubulaires et dans les conduites de vapeur. Elle fut introduite en France en 1829 par M. Gandillot, mais, dans le principe, elle ne reçut d'application que pour certains objets de serrurerie, tels que les barreaux de grille ou les meubles en fer pour lesquels on trouvait économie à substituer le fer creux au fer massif. En réalité, ce n'est que depuis un petit nombre d'années que l'emploi de ces tubes pour chauffages et conduites de gaz ou de vapeur a pris faveur dans notre pays, et que quelques maisons, après avoir d'abord tiré d'Angleterre les produits qu'elles livraient à la consommation, ont entrepris de les fabriquer elles-mêmes.

Les tubes en fer se font avec des bandes de tôle que l'on enroule sur des mandrins et que l'on soude ensuite à chaud, soit par simple rapprochement, soit par recouvrement; dans le premier cas on emploie la filière, dans le second le laminoir. Ces deux sortes de tubes n'ont pas les mêmes propriétés et ne conviennent pas aux mêmes usages. Les tubes étirés servent pour les conduites de gaz, les appareils de chauffage, ou pour les barreaux de grilles et objets du même genre; mais les tubes à recouvrement seuls sont propres aux emplois dans lesquels il est nécessaire de supporter des pressions élevées comme dans les chaudières à vapeur; ce sont ces derniers qui présentent les plus grandes difficultés d'exécution, principalement pour les grands diamètres; aussi, est-ce pour eux surtout que l'habileté de main-d'œuvre, résultant d'une longue pratique, doit influer sur les conditions de fabrication et assurer longtemps encore peut-être la supériorité de l'Angleterre.

Plusieurs maisons anglaises figuraient honorablement à l'Exposition. C'étaient en première ligne la maison James Russell et fils, de Wednesbury, qui a conservé son ancienne renommée et qui doit être considérée comme étant à la tête de cette branche d'industrie ; puis l'usine d'Albion Tube Works, appartenant à MM. Lloyd et Lloyd, de Birmingham, et celle de MM. John Russell et Cie, de Londres.

Nous signalerons, comme progrès principaux, réalisés depuis 1862 dans les établissements de Wednesbury, la fabrication des grands tubes cylindriques dont le diamètre a été porté de 9 pouces (228^{mm}) à 18 pouces (456^{mm}), et celle des tubes coniques, employés aujourd'hui avec avantage dans certaines contrées comme poteaux télégraphiques ; une méthode nouvelle permet d'obtenir ces tubes à l'aide d'une seule opération qui produit en même temps la soudure et la réduction régulièrement graduée du diamètre, sans qu'il soit besoin de préparation préalable. Nous ajouterons que les produits courants de MM. Russell sont exécutés avec une rare perfection et peuvent résister aux pressions les plus considérables ; les tubes de 130 à 220^{mm} de diamètre, dont l'épaisseur varie de 3 à 6^{mm}, supportent sans se rompre des pressions de 200 atmosphères ; certains échantillons destinés à des usages spéciaux peuvent même résister à 500 atmosphères.

On fabrique également en Angleterre des tubes en métal homogène ou fer aciéreux et des tubes en acier ; ces derniers sont forés dans des lingots que l'on étire ensuite à froid à l'aide de la presse hydraulique ; les uns et les autres sont d'un prix élevé qui n'est peut-être pas justifié par une qualité correspondante ; aussi la production paraît-elle plutôt en décroissance qu'en voie de développement.

Parmi les expositions françaises, la plus intéressante était, sans contredit, celle de MM. Mignon Rouart et Delinières, dont les produits très-soignés présentaient, au moins dans certaines limites, une grande analogie avec les produits anglais. Ces industriels ont créé récemment à Montluçon une usine importante, dans laquelle ils fabriquent, avec des fers de choix, des tubes à rapprochement ou à recouvrement, de très-bonne qualité; ils ne paraissent pas avoir abordé encore les grands diamètres; mais, dans les diamètres moyens, ils ont exposé un assortiment de pièces très-variées de formes et d'une exécution remarquable; nous signalerons, entre autres, un tube conique et un serpentin qui ne le cédaient en rien, comme régularité de travail, à ceux que nous avons vus dans la section anglaise; ils fabriquent également toutes les pièces de raccord que, dans le principe, les ouvriers anglais étaient seuls capables d'exécuter; enfin, ils ont ajouté à leur fabrication celle d'un grand nombre d'objets pouvant se prêter aux besoins de la construction, tels que main-courantes de formes variées, gouttières, petits rails pour chemins de fer d'usines, moulures de différentes espèces, etc. Nous espérons que ces efforts amèneront un heureux résultat et contribueront à développer en France une industrie féconde en applications; il est regrettable, toutefois, que l'élévation des prix de revient, due surtout à la qualité des fers employés jusqu'ici, fasse obstacle à un accroissement de production qui serait la condition la plus favorable au perfectionnement des procédés de mise en œuvre.

Nous citerons encore, mais seulement comme producteurs de tubes soudés par rapprochement, M. Simon, de Saint-Dié, qui fait des conduites de vapeur à grande section pour chauffages d'usines, et la maison Gandillot et Cⁱᵉ de Paris, qui s'est adonnée surtout à la spécialité des fers creux pour grilles, balcons, balustrades, échelles de jardin, etc.; le fondateur de cette maison a puissamment contribué à faire adopter en France l'emploi du fer creux dans la serrurerie, ce qui a permis de réaliser une notable économie sans nuire à la solidité des objets fabriqués ni à l'élégance des formes. L'Italie et l'Allemagne exécutent maintenant aussi une certaine quantité d'ouvrages en fer creux; mais la priorité appartient, sans conteste, à M. Gaudillot, dont les procédés ont été imités à l'étranger.

CHAPITRE III.

TRÉFILERIE.

La tréfilerie comprend deux fabrications distinctes : celle des gros fils et celle des fils fins. La fabrication des gros fils est aujourd'hui presque entièrement concentrée dans les forges dont la concurrence tend de plus en plus à faire disparaître les petits ateliers. Ce fait a été la conséquence naturelle de l'abaissement toujours croissant du prix des fers, qui a obligé les maîtres do forges à chercher, dans la dénaturation de leurs produits, une compensation à la réduction de leurs anciens bénéfices, et le mouvement a été favorisé à la fois par l'extension donnée, dans ces dernières années, aux usages du fil de fer et par les améliorations des procédés de puddlage, qui ont permis de substituer, dans une certaine mesure, les fers au coke aux fers au bois de qualité supérieure.

On peut admettre, comme démarcation entre les gros fils et les fils fins, le diamètre d'un millimètre, bien que l'une des catégories empiète quelquefois sur l'autre; les gros fils servent à la télégraphie, à la construction des ponts suspendus, à la fabrication des câbles, des grillages métalliques, des ressorts pour meubles et des pointes de Paris; les fils fins sont principalement utilisés dans la fabrication des cardes et des peignes à tisser.

Nous passerons rapidement sur ce qui concerne la grosse tréfilerie, dont l'étude trouve plus naturellement sa place dans un autre Rapport; nous dirons seulement que la production annuelle du fil de fer puddlé l'emporte aujourd'hui, dans une énorme proportion, sur celle du fil de fer au bois; pour la France, le rapport est de 150,000 tonnes à 30,000 ; il est plus considérable encore pour les autres pays.

Un assez grand nombre d'usines françaises ont exposé de beaux spécimens de ces deux sortes de produits, et, aussi bien pour les fils au bois de Champagne et de Comté ou du Limousin que pour les fils au coke des grands établissements métallurgiques du Centre, la France peut aujourd'hui lutter avantageusement avec l'étranger, non-seulement sur son propre sol, mais même sur certains marchés du dehors.

En Angleterre, c'est surtout Birmingham qui est le centre de cette branche d'industrie; en Belgique, c'est Bruxelles ou Liége; en Prusse c'est Hamm, en Westphalie. Ces trois pays n'ont guère exposé que des produits au coke, tandis que des produits obtenus exclusivement au bois figuraient dans les salles de la Suède, de l'Autriche et de la Russie. L'une des expositions les plus complètes et les plus intéressantes était celle de la maison Cosack de Hamm, qui présentait un double système d'épreuves appliqué aux fils, de façon à en faire apprécier à la fois la résistance à la traction et à la torsion ; nous y avons vu des fils du n° 18, jauge de Paris, supporter, sans se rompre, pendant toute la durée de l'Exposition, une charge de 530 kilogrammes, et les mêmes fils, tordus à l'aide d'une manivelle autour de leur axe, ne céder qu'après 28 à 30 tours.

En somme, en ne s'occupant que des produits courants, l'on peut dire que la supériorité appartient à la France; puis viennent au second rang la Prusse et la Belgique, et en dernier lieu l'Angleterre.

La production des fils fins, et en particulier des fils à cardes, offre plus d'intérêt, surtout en ce qui concerne l'industrie française. L'on sait que pendant longtemps l'Angleterre avait eu le monopole presque exclusif de cette fabrication, à laquelle un personnel expérimenté et des matières premières d'excellente qualité tirées de la Suède avaient fait acquérir une juste célébrité ; les tréfileries d'Halifax et de Bradfort continuent à produire des quantités considérables de ces fils, bien que par suite d'abstentions regrettables elles ne soient que très-imparfaitement représentées au Palais du Champ-de-Mars ; mais en même temps cette industrie, déjà signalée en France et encouragée aux Expositions précédentes, s'y est rapidement développée et se trouve dès maintenant en mesure de suffire aux besoins du pays.

L'introduction en France des procédés anglais remonte à 1832 ; mais ce n'est que vingt ans après que l'emploi des fers de Suède de première marque, analogues à ceux que les Anglais mettaient en œuvre, permit d'arriver à un degré de perfection assez avancé pour n'avoir plus à redouter la concurrence étrangère. Aujourd'hui, il reste une question à résoudre, et c'est une question d'économie ; il faut arriver à diminuer le prix de la matière première pour laquelle on est encore tributaire de l'Angleterre ; il faut, en un mot, substituer aux fers de Suède, accaparés par les Anglais, des fers français présentant des qualités analogues et ayant à un degré égal les propriétés aciéreuses si essentielles pour le genre de produits qui nous occupe. Ce but, on l'atteindra, il faut l'espérer, en se servant des fontes au bois, obtenues avec des minerais de l'île d'Elbe, de la Sardaigne et surtout de l'Algérie. Déjà des essais ont été tentés avec succès et permettent d'espérer que l'introduction, comme matière améliorante, du minerai de Mokta, est appelée à rendre d'éminents services à l'industrie de la tréfilerie fine.

Parmi les industriels les plus méritants, nous devons citer MM. de Mandre de la Chaudeau et Bernard Fleury de Laigle, qui ont présenté de beaux spécimens de fils ronds ou triangulaires fabriqués avec des fers de Suède. On a remarqué entre autres, dans la vitrine de M. de Mandre, une belle pièce de fil n° 25, ayant 32 kilomètres de long et pesant 8 kil. 500 gr. Nous mentionnerons également MM. Daubié et Vanoy, du Blanc-Murger (Vosges), qui, les premiers peut-être, ont entrepris la fabrication en grand du fil à cardes avec des fers français, et qui sont arrivés à faire accueillir favorablement leurs produits dans plusieurs de nos grands centres de filature et de tissage. La production du fil à cardes, en France, dépasse aujourd'hui un millier de tonnes, quantité amplement suffisante pour les besoins de la consommation du pays.

L'Allemagne et la Suisse possèdent quelques tréfileries de fils fins qui fournissent à leur approvisionnement concurremment avec l'Angleterre et quelquefois avec la France lorsque les prix le permettent.

Il nous reste à dire quelques mots de la tréfilerie d'acier qui a été jusqu'ici le monopole presque exclusif de l'Angleterre. C'est la perfection à laquelle les fabricants de ce pays sont arrivés dans cette branche d'industrie qui a fait pendant long-temps la supériorité incontestée de leurs aiguilles, et, encore aujourd'hui, ils sont restés à la hauteur de leur réputation, aussi bien pour les fils à aiguilles ou à hameçons que pour les cordes métalliques, dont la maison Webster et Horsfall, de Birmingham, a exposé des types d'une exécution parfaite ; ce dernier article se fabrique aussi avec succès en Allemagne, mais la France est demeurée sur ce point fort en arrière, à cause de l'inexpérience de la main-d'œuvre qui n'a pas su se former encore à ce travail difficile et minutieux.

Nous devons toutefois signaler les essais de tréfilage tentés par une maison importante de l'Est, la maison Peugeot-Jackson, de Pont-de-Roide, qui a fait sous ce rapport les efforts les plus louables, en amenant à grands frais des ouvriers anglais et en montant des ateliers et des appareils spéciaux. Nous devons surtout enregistrer les résultats obtenus dans une spécialité toute distincte, la fabrication des aciers à pignons pour l'horlogerie, par d'autres fabricants francs-comtois, MM. Juillard et Amstutz, de Meslière-sur-le-Doubs, qui sont arrivés à étirer à la bobine, avec une rare perfection, des barreaux d'acier cannelé de tous diamètres, et qui ont exposé une série de produits entièrement nouveaux et véritablement remarquables. Non contents d'obtenir, à l'étirage, de longues pièces régulièrement cannelées, ces industriels ont cherché à remplacer par un procédé mécanique le perçage à la main, qui donne une grande quantité de rebuts, et ils ont imaginé à cet effet un tour automatique à l'aide duquel ils peuvent forer, à l'intérieur d'une barre d'acier d'un mètre de longueur, un trou central dont le diamètre, parfaitement uniforme, n'excède pas cinq dixièmes de millimètre ; enfin ils ont complété leur œuvre par l'invention d'une autre machine automatique servant à terminer les dents des pignons, et exécutant ainsi presque sans frais la difficile opération du crénage. Ces divers perfectionnements, qui permettent de réaliser sur les anciens prix de revient une économie de 70 à 75 pour 100, ont fait de l'usine de Meslière un centre où viennent s'alimenter les principaux fabricants d'horlogerie, affranchis désormais de l'obligation d'aller chercher leurs pignons à l'étranger.

Il y a là un progrès sur lequel il importe d'insister, car il donne la mesure de ce que l'on est en droit d'attendre de l'aptitude industrielle de ces laborieuses contrées, et nous ne doutons pas que l'on ne parvienne, en continuant et en généralisant les tentatives déjà entreprises, à nationaliser dans notre pays l'industrie si intéressante de l'étirage de l'acier fondu.

CHAPITRE IV.

CLOUTERIE.

L'industrie de la clouterie est plus ou moins développée dans tous les pays producteurs de fer, mais dans aucun peut-être elle n'offre un ensemble aussi complet et aussi varié qu'en France ; c'est, dans tous les cas, cette contrée qui a présenté, sous ce rapport, l'exposition la plus intéressante ; aussi est-ce en France que nous allons étudier d'abord les diverses branches de cette fabrication, arrivée aujourd'hui à un degré d'extension considérable.

De temps immémorial, l'on a fabriqué des clous à la main sur tous les points du territoire français, et il est peu de villes qui encore aujourd'hui ne comptent un certain nombre d'ouvriers cloutiers. Malgré cette dissémination, certaines régions se sont approprié plus spécialement cette industrie et en ont fait une source de production importante ; ces régions ont été et sont encore la partie nord des Ardennes, les villes de Valenciennes, Saint-Amand, Condé, Lille, dans le département du Nord ; Saint-Étienne, Saint-Chamond, Firminy, dans la Loire ; la Mure et Izeaux, dans l'Isère ; Tinchebray et ses environs, dans l'Orne ; enfin le département de l'Ariége. Mais, entre toutes, il faut citer en première ligne le Nord, qui fournit surtout les grands clous entrant dans la construction des bâtiments, et les Ardennes, qui ont pour spécialités les clous à souliers et les clous à ferrer les chevaux, fabrication importante, donnant lieu à un commerce des plus actifs, dont le centre est à Charleville.

L'invention des pointes de Paris d'abord, puis les applications de plus en plus répandues des procédés mécaniques, ont fait une concurrence redoutable à la clouterie à la main, en lui enlevant successivement une partie des sortes qu'elle fabriquait ; mais elle n'en a pas moins conservé une importance réelle, et la production annuelle de la France est encore maintenant de 15 à 16 millions de kilogrammes, dont les Ardennes fournissent environ la moitié. La clouterie forgée française a une supériorité incontestable sur les produits similaires étrangers ; elle est plus régulière, plus soignée, et elle jouit sous ce rapport d'une préférence marquée auprès des consommateurs.

On divise la clouterie mécanique en deux grandes catégories : la clouterie en fil de fer, qui comprend les pointes et les clous à chaussures, et la clouterie en tôle et en fer, dont les produits sont extrêmement variés, et sont caractérisés par des procédés très-différents.

Nous avons peu de choses à dire sur la pointerie, bien que ce genre de fabrication ait acquis une importance industrielle capitale ; le fait le plus saillant que nous ayons à noter est le déplacement de cette industrie, qui, de même que la tréfilerie dont elle dépend, échappe peu à peu aux petits ateliers et est absorbée par les grands établissements métallurgiques ; aujourd'hui presque toutes les forges au bois du centre et de l'est de la France font à la fois du fil de fer et des pointes de Paris ; et l'on voit, par contre, un grand nombre de fabricants spéciaux, impuissants à soutenir la concurrence des usines qui les alimentaient autrefois, abandonner une industrie qui ne peut plus leur offrir de bénéfices.

Les clous à souliers, ou béquets, se font par quantités énormes dans la Moselle, les Vosges, le Doubs, le Jura et aussi dans les Ardennes, où un industriel de Charleville, M. Gailly fils aîné, a installé, il y a plusieurs années, un établissement important dont les produits sont de qualité supérieure; les clous de M. Gailly, dont on a pu voir à l'Exposition un assortiment remarquable, sont fabriqués à l'aide d'une machine qui diminue la grosseur du fil à l'endroit qui doit former la tige, en laissant au contraire intacte la partie où la tête doit être prise; on obtient ainsi un clou à tige fine et à grosse tête, qui a le double avantage de ne pas déchirer le cuir et de préserver convenablement la semelle. Le même procédé ou d'autres qui s'en rapprochent plus ou moins sont employés par la société Lévy et Cⁱᵉ, de Bains-en-Vosges, par la Compagnie des forges de la Franche-Comté, par M. Lambert de Vuillafans, qui produisent des clous à tiges fines également fort estimés.

La clouterie mécanique en tôle date, en France, de 1826 ; elle a été importée d'Angleterre dans les Ardennes, où elle s'est développée graduellement, et aujourd'hui ce département compte dix fabriques d'importances diverses, produisant annuellement plus de quatre millions de kilogrammes de petits clous dits semences, bossettes, clous à ardoises, béquets, etc. L'invention récente d'une machine automatique, qui dirige la bandelette de tôle à découper, l'introduit dans la machine et la retourne sans le secours de l'ouvrier, a amené dans cette fabrication, d'ailleurs très-perfectionnée, une économie de main-d'œuvre qui, jointe à l'abaissement du prix des fers, permet aux producteurs français de lutter plus facilement aujourd'hui sur les marchés étrangers avec la concurrence anglaise ou belge.

Une branche spéciale et fort intéressante de la clouterie mécanique est la clouterie à chaud, d'origine américaine, importée d'abord en Angleterre, puis introduite en 1857 dans les Ardennes, où, grâce à d'intelligents efforts, elle est arrivée à un haut degré de perfection. Cette fabrication, localisée aujourd'hui dans l'usine de Saint-Marceau, appartenant à MM. Hubert Lechanteur, Brézol et Cie, comprend tous les grands clous employés dans la construction, les clous à navires ou à bateaux, les clous à caisses, enfin les clous à cheval. On prend le fer en barres plates de 2 millimètres et demi à 12 millimètres d'épaisseur, et on le découpe en bandelettes de longueur variable, suivant les dimensions des clous à obtenir ; ces bandelettes sont chauffées au rouge dans des fours à courant d'air forcé, puis portées à la machine, où se pratiquent trois opérations successives : le découpage, qui divise le fer en barrettes, le laminage, qui forme la lame du clou, au moyen d'une molette en acier servant à allonger régulièrement le métal, enfin le rabatage, qui termine la tête par le choc d'un marteau ; une machine de ce genre donne de 20,000 à 50,000 clous en douze heures, et la production totale de l'usine est d'environ de 1,500,000 kilogrammes par an. Les clous à cheval ne se font pas aussi simplement, le fer doit subir une préparation préalable à cause du renflement destiné à former la tête ; de plus, le laminage seul se fait à la machine ; il faut ensuite deux opérations complémentaires pour achever la pointe et la tête. Du reste, en général, pour les clous de cette espèce, la supériorité des procédés mécaniques n'est pas encore bien établie, et le travail à la main n'a pas eu jusqu'ici à souffrir de leur concurrence.

En résumé, la fabrication des clous de toute nature a fait en France de sensibles progrès pendant ces dernières années ; la production a grandi en même temps que les débouchés s'ouvraient à l'exportation, et cette branche de l'industrie nationale peut désormais soutenir honorablement la comparaison avec les industries similaires dans les autres pays.

A l'étranger, c'est la Belgique qui, pour la spécialité qui nous occupe, offre avec la France le plus d'analogie ; les produits belges se rapprochent en effet beaucoup comme procédés et comme qualité de ceux des Ardennes ; ils ont été également l'objet d'améliorations notables, et ils donnent lieu aujourd'hui à une exportation qui dépasse 12 millions de kilogrammes.

C'est surtout dans les arrondissements de Liége et de Charleroi que la clouterie a, comme chiffre de production, une sérieuse importance ; la fabrication des clous forgés y occupe, comme en France, de nombreux ouvriers disséminés dans les campagnes, où ils sont employés, pendant une partie de l'année, aux travaux des champs. La clouterie mécanique en tôle et en fer se fait sur une grande échelle dans des établissements importants, parmi lesquels nous citerons en première ligne ceux de MM. Dawans et Orban, à Liége ; enfin la fabrication des pointes de Paris, qui depuis quelque temps s'est installée à Bruxelles, y a acquis un certain développement, et nous en avons vu d'assez beaux spécimens dans la vitrine d'un industriel de cette ville, M. de Bavay.

Les usines anglaises n'étaient représentées que par quelques collections peu nombreuses de clous à la mécanique, d'une exécution ordinaire, et le manque de renseignements ne nous permet malheureusement pas de formuler d'indications précises sur la situation de cette industrie dans le Royaume-Uni.

Parmi les expositions des autres pays, nous avons remarqué en Prusse les pointes de la maison Hobrecker, de Hamm ; en Bavière, celles de MM. Clett et Cⁱᵉ, de Nuremberg ; et en Autriche, les clous à la mécanique de MM. Nehrer, de Rosenau, et Ziegler et Bullaty, de Budweis. La Suède et la Russie ont exposé des clous forgés de bonne qualité ; ceux de l'usine de Gunnebo, en Suède, nous ont surtout paru bien fabriqués, mais nous ne croyons pas que ces produits soient obtenus dans des conditions qui en permettent l'exportation au dehors; enfin, en Amérique nous avons vu, au nombre des produits canadiens, des clous en tôle d'une bonne exécution, principalement comme articles de maréchalerie.

CHAPITRE V.

TISSUS MÉTALLIQUES ET TOLES PERFORÉES.

§ 1. — Toiles métalliques.

La fabrication des tissus métalliques s'est surtout développée en France, en Angleterre et en Allemagne ; stimulée dans ces trois pays par les exigences de diverses industries, qui lui demandent leurs principaux instruments de travail, elle y a progressé rapidement et y a pris, depuis longtemps déjà, une extension considérable. La France s'est particulièrement distinguée dans cette voie de progrès si essentielle à la prospérité et à l'indépendance d'autres branches importantes de sa production. Ayant à lutter, à diverses époques, contre les conditions défavorables résultant de l'élévation des prix de revient, et de l'infériorité des matières premières dont ils disposaient, les fabricants français ont su, par des efforts incessants, triompher de toutes les difficultés et s'élever jusqu'au rang qu'ils occupent aujourd'hui. Leurs produits, signalés dès 1851 pour l'excellence de leur qualité, ont toujours figuré avec honneur aux Expositions internationales qui se sont succédé depuis, et sont, cette fois encore, à la hauteur de leur ancienne réputation. Unissant la modération des prix à la perfection du travail, ils sont accueillis avec faveur par la consommation du monde entier et n'ont rien à redouter désormais de la concurrence étrangère. Aussi, malgré l'abaissement des droits imposés à l'entrée des toiles métalliques, l'importation de ce genre de tissus est-elle presque nulle, tandis que l'exportation est arrivée à un chiffre relativement considérable.

On estime que la production annuelle de la France représente une valeur d'environ 4 millions de francs ; les trois quarts de cette production sont consommés dans le pays, et le dernier quart se répartit entre la Suisse, la Hollande, le Danemark, l'Italie, l'Espagne, la Russie, l'Amérique et l'Allemagne elle-même, où deux maisons françaises ont établi récemment des succursales.

Le centre le plus important de cette industrie en France est la ville de Schlestadt, dans le département du Bas-Rhin ; c'est là que sont groupées les principales fabriques de toiles métalliques, en tête desquelles nous devons citer la maison A. Roswag et fils comme la plus ancienne et la plus recommandable. C'est en 1778 que le fondateur de cette maison eut, le premier, l'idée de remplacer par des tamis en fils de laiton ceux en crins ou en soie dont on se servait précédemment, et imagina les procédés de tissage, que lui et ses successeurs se sont attachés à améliorer depuis, en même temps qu'ils travaillaient à étendre et à multiplier les applications de leurs produits. En toute circonstance MM. Roswag ont pris l'initiative des innovations qui pouvaient accroître la prospérité de leur industrie ; c'est ainsi que, les premiers en France, ils sont arrivés à fournir aux papeteries les toiles sans fin, dont l'invention, faite en Angleterre, venait de modifier profondément le mode de fabrication du papier. Ils ont constamment cherché à augmenter la finesse et la régularité de ce genre de tissus, devenu bientôt l'une de leurs spécialités principales, et chaque année, en quelque sorte, a été signalée par un progrès. L'on avait remarqué, en 1862, des toiles fines portant 310 fils de chaîne et autant de trame au pouce carré ; aujourd'hui ce nombre s'est élevé jusqu'à 390, ce qui peut être considéré comme une limite extrême impossible à dépasser. L'exposition de la maison Roswag était d'ailleurs la plus variée et la plus complète ; elle présentait un ensemble extrêmement intéressant des produits les plus divers, depuis les toiles à papier de grandes dimensions jusqu'aux objets confectionnés de toute nature, appliqués au mobilier ou aux usages domestiques.

Au nombre des expositions les plus dignes d'attention, nous mentionnerons encore celle de MM. Louis Lang et fils, de Schlestadt, dont les toiles sans fin pour papeteries sont justement appréciées, en France et à l'étranger, pour leur souplesse et leur parfaite régularité ; puis celle de MM. Franck et Cie, de la même ville, qui fabriquent de fort belles toiles unies ou à maillons et des toiles bridées pour presse-pâte, d'une grande solidité.

Paris, Lyon et Angoulême possèdent également un certain nombre d'ateliers plus ou moins importants, recommandables par la bonne exécution et le prix modéré de leurs produits ; sans vouloir les énumérer tous, nous croyons devoir rappeler les noms de MM. Mage, de Lyon, Lacroix, de la Couronne, près Angoulême, et Gaillard fils, de Paris, comme méritant, à divers titres, une mention spéciale.

Dans la section anglaise, figuraient, en première ligne, MM. Comfort et Cie, de Londres, dont la vitrine renfermait des fils de laiton d'un beau tréfilage, en même temps que des toiles et des rouleaux vergés, avec filigranes, d'une fabrication remarquable ; puis M. Stones, de Londres également, qui avait dans la classe 59 une belle exposition de grandes toiles et de rouleaux égoutteurs vergés ; enfin MM. Greening et fils, de Warrington, dont les tourailles pour brasseries, en fer et en cuivre rouge, étaient ce que nous avons vu jusqu'ici de mieux en ce genre. Quant à l'Allemagne, elle était représentée par MM. Bracher et fils, de Villingen, dans le grand-duché de Bade, et par MM. Wandel et Steinmayer, de Reutlingen, dans le Wurtemberg, dont les maisons, égales en importance, fournissent des produits d'excellente qualité et font concurrence, de l'autre côté du Rhin, à nos usines alsaciennes.

§ 2. — Tôles perforées.

Il convient, en terminant ce chapitre, de dire quelques mots des tôles perforées, qui présentent une certaine analogie avec

les tissus métalliques, au moins quant à leurs applications.
Ces tôles, percées de trous d'une régularité mathématique à
l'aide de procédés mécaniques perfectionnés, sont appelées à
rendre des services très-réels, aussi bien à l'agriculture qu'aux
diverses industries qui font usage d'appareils de classement ou
de criblage ; on les applique avec avantage au triage des
grains, à la meunerie, à la préparation et au lavage des minerais et des houilles ; on les emploie également dans les constructions et dans les objets d'économie domestique ou d'a-
meublement, tels que stores, panneaux, châssis, siéges ou
tables de jardin, volières, cages, etc.

La fabrication en est simple et le prix de revient peu élevé;
il importe seulement que les poinçons et les matrices dont on
se sert soient ajustés avec une grande précision, ce qui n'est
pas sans difficultés, surtout pour les perforés à trous fins et
serrés. Un industriel français, M. Calard, a obtenu, sous ce
rapport, les résultats les plus satisfaisants, en construisant des
machines à balancier, à l'aide desquelles les trous sont percés à
chaque coup sur toute la largeur de la feuille, quelles que soient
les dimensions et la forme des poinçons ; nous avons vu, dans
la belle collection de tôles qu'il exposait au palais de l'Industrie, des spécimens d'une régularité parfaite, présentant jusqu'à 4,000 trous au décimètre carré. Nous avons remarqué
également, comme exécutés avec grand soin, les produits de
MM. Foulon et Cie, de Liége, qui ont acquis en Belgique une
réputation méritée.

CHAPITRE VI.

AIGUILLES.

L'Angleterre et la Prusse se partagent le monopole de la
fabrication des aiguilles ; Redditch dans le premier de ces
deux pays, Aix-la-Chapelle et Iserlohn dans le second, sont

les grands centres de production qui fournissent aujourd'hui à l'approvisionnement du monde entier. — Parvenus depuis longtemps à un haut degré de perfection, les fabricants anglais avaient peu de progrès à faire, si ce n'est peut-être au point de vue de l'abaissement de leurs prix de vente; mais il n'en était pas de même des Allemands qui, très-inférieurs dans le principe, ont, par de persévérants efforts, gagné graduellement du terrain et sont arrivés, dans ces derniers temps surtout, à des résultats vraiment remarquables. La France est restée jusqu'à présent en arrière, et les essais tentés à diverses reprises n'ont jamais réussi d'une manière satisfaisante, ce que l'on peut attribuer en partie au peu de développement de la tréfilerie d'acier dans notre pays, mais surtout aux difficultés que présente toujours le déplacement d'une industrie dans laquelle la main-d'œuvre tient une aussi large place. La qualité de la matière première employée, quelque importante qu'elle soit, n'est ici qu'une question secondaire; il faut avant tout être à même d'organiser des ateliers exercés, ce qui exige un temps considérable et une longue expérience; conditions difficiles à réunir en présence d'une concurrence active et maîtresse du marché; aussi, pendant longtemps encore sans doute l'industrie aiguillière restera-t-elle localisée dans les contrées où elle existe aujourd'hui.

Il y a plus de trois siècles que l'on a des notions sur la fabrication des aiguilles en Angleterre; il en est fait mention pour la première fois sous le règne de Henri VIII, en 1545; mais ce n'est qu'en 1700 qu'on la trouve établie dans la ville de Redditch, choisie sans doute à cause de la proximité de Birmingham, le célèbre et ancien entrepôt de l'industrie sidérurgique. C'est autour de cette ville que s'est groupée et a grandi la population ouvrière qui a poussé l'élaboration du fil d'acier à un si haut degré de perfection.

Cette population n'est pas parquée dans de grandes usines: le travail se partage en petits ateliers installés au domicile de chaque famille, dont les membres ont tous leurs fonctions spéciales;

et les grands fabricants ne sont, en fait, que des négociants faisant travailler pour leur compte un certain nombre de ces petites agglomérations. La tradition du tour de main se transmet ainsi des pères aux enfants, qui, dès leur plus jeune âge, sont initiés aux secrets de la profession, et qui acquièrent une expérience et une habileté qu'un long apprentissage dans les usines du continent ne saurait remplacer. Cette organisation fait, plus encore que la qualité de l'acier employé, la supériorité de la fabrication anglaise; seulement elle a aussi ses inconvénients, en ce qu'elle s'oppose à l'introduction des machines, qui permettent de simplifier les opérations et de réaliser une importante économie de prix de revient.

En Allemagne, où cette industrie est beaucoup plus récente, on n'employait primitivement que du fer cémenté donnant des aiguilles à bas prix, de qualité très-inférieure; Iserlohn était et est resté le centre de cette fabrication à bon marché, qui s'est, du reste, beaucoup améliorée; mais c'est Aix-la-Chapelle qui fournit les produits les plus recherchés. Il s'est fondé dans cette ville plusieurs établissements de premier ordre qui ont formé peu à peu de bons ouvriers et qui, par l'emploi de l'acier fondu tréfilé avec soin, et à l'aide d'un outillage perfectionné suppléant à l'insuffisance de la main-d'œuvre, sont arrivés à livrer des produits comparables à ceux des Anglais. Dans les hauts prix, qui sont en général plus élevés de 3 à 4 francs en Angleterre qu'en Allemagne, la supériorité est restée incontestablement aux aiguilles anglaises; mais les deux productions se balancent pour les qualités moyennes, dont il se fait un grand commerce, surtout en France, dans les prix de 2 fr. 50 à 3 francs le mille, et c'est la Prusse qui prend tout à fait l'avantage lorsque les prix s'abaissent au-dessous de 1 fr. 50; aussi les marchés de l'Asie, de l'Afrique et de l'Amérique du Sud, points d'exportation d'une importance considérable, lui sont-ils maintenant acquis en grande partie.

Parmi les principaux fabricants allemands, nous citerons M. Schleicher, de Bellevallée, près Langerwehe, que nous avons regretté de ne pas voir figurer à l'Exposition, et MM. Printz et Cie, d'Aix-la-Chapelle, auxquels on doit l'invention de la plupart des machines utilisées aujourd'hui dans la Prusse rhénane. Ces machines, qui réduisent la main-d'œuvre dans une proportion notable, rendent à ce genre d'industrie les plus grands services, et sans vouloir les énumérer toutes, il convient au moins d'indiquer quelques-unes des plus intéressantes : telles qu'une machine à couper et à dresser les tiges, remplaçant avantageusement la cisaille à levier utilisée en Angleterre, des machines à polir, à laver et à sécher, à bronzer les têtes par le gaz; enfin diverses machines à empointer, permettant d'apporter à cette opération autant de précision que de rapidité.

Après les industriels qui précèdent, on peut mentionner encore comme honorablement connus MM. Lammertz, d'Aix-la-Chapelle, et Dubois, de Düren, dont les aiguilles sont d'excellente qualité, ainsi que M. Lisser, de Berlin, qui s'est adonné tout spécialement à la fabrication des aiguilles pour machines à coudre.

Les maisons anglaises dont les produits ont été le plus appréciés sont celles de MM. W. Boulton et fils, Kirby Beard et Cie, W. Bartleet et fils et Milward, Henry et fils, toutes les quatre situées à Redditch; les deux dernières exposaient également des hameçons fabriqués avec une grande perfection; nous citerons aussi MM. G. Townsend et Cie, de Redditch, dont la vitrine renfermait un assortiment remarquable d'aiguilles, de navettes et de bobines pour machines à coudre.

En somme, les usines prussiennes comptent environ 4,000 ouvriers et fabriquent 3 milliards d'aiguilles; en Angleterre, il y a près de 5,000 ouvriers pour une production qui ne paraît pas excéder 2 milliards et demi.

CHAPITRE VII.

FERRONNERIE , BOULONNERIE , ETC.

L'on comprend, en général, sous le nom de ferronnerie les pièces en fer forgé de petite ou de moyenne dimension, fabriquées soit à la main, soit par des procédés mécaniques ; ces objets se divisent en deux catégories, la première renfermant les gros outils de forge, certains outils de culture et de terrassement, les fers à cheval, les fers à repasser, etc. ; l'autre, les ferrures spéciales employées dans les professions qui travaillent le fer et le bois.

§ 1. — Ferronnerie.

Nous passerons rapidement sur la première catégorie, qui ne figurait dans la classe 40 que d'une manière incomplète et qui ne présentait que peu de faits nouveaux. C'est surtout dans la Loire, dans les Ardennes et dans les départements de l'est que se fabrique, en France, la grosse ferronnerie ; cette industrie y a fait, depuis plusieurs années, de notables progrès, principalement en ce qui concerne les outils de forge ; aussi avons-nous regretté qu'un plus grand nombre de spécimens ne vînt pas témoigner des résultats obtenus. Nous mentionnerons d'abord, pour leur bonne disposition et leur parfaite homogénéité, les enclumes de MM. Bellard et Cⁱᵉ, de Saint-Étienne, maison importante qui a pris, en peu de temps, un développement considérable et qui est renommée entre toutes pour la bonne qualité de ses produits ; MM. Bellard exposaient en même temps des étaux, des marteaux, des soufflets de forge, d'une bonne exécution, et des pioches à œil tourné, sans soudure, pour lesquelles ils sont brevetés, et dont ils livrent chaque année au commerce d'énormes quantités. Nous avons encore à citer, pour la France, les enclumes de M. Adam, propriétaire de l'ancienne maison Cornette, à Metz, et pour l'étranger, les enclumes et les étaux de M. Beckers Damuzeau, de Bruxelles, et de M. J. Körösi, d'Andritz près Gratz, en Autriche.

Nous ne parlerons que pour mémoire des outils d'agriculture et de terrassement, bien que plusieurs pays en aient exposé de nombreux et remarquables assortiments, en fer ou en acier ; mais ces instruments de travail rentrent aujourd'hui dans la production des grandes usines à fer, et nous craindrions de faire double emploi en donnant ici les détails de leur fabrication ; d'ailleurs, ils seront nécessairement examinés avec attention dans les rapports relatifs à l'agriculture. Nous nous bornerons en conséquence à signaler succinctement, dans la section française, les versoirs de MM. Gouvy, de Hombourg, les pelles en tôle d'acier de M. Cailletet, de Châtillon, et les outils divers de MM. Irroy frères, de la Hutte, de M. Daubié, du Blanc-Murger, et de Mᵐᵉ Vᵛᵉ Chavanc, de Bains-en-Vosges. Nous renverrons également à d'autres classes l'étude des produits de maréchalerie, qui ne présentent, à notre point de vue, qu'un intérêt secondaire. Quant aux fers à repasser, bien qu'ils donnent lieu à d'importantes affaires, il n'y a rien de spécial à en dire, et ils étaient du reste à peine représentés par quelques spécimens isolés ; nous ne nous en occuperons donc pas.

§ 2. — Boulonnerie, visserie.

La boulonnerie, la visserie et les divers genres de ferrures employés dans le charronnage et la carrosserie formaient une partie très-intéressante de l'Exposition. Cette industrie, qui est d'origine éminemment française, a acquis, dans notre pays en particulier, un développement qu'a singulièrement favorisé l'introduction des moyens perfectionnés de mise en œuvre aujourd'hui en usage ; dans le département des Ardennes seul, elle occupe plus de 30,000 ouvriers ; elle y est répandue jusqu'au fond des campagnes et est exploitée par un grand nombre de fabricants, dont plusieurs sont arrivés à une réputation méritée. L'est de la France, le bassin de la Loire, et la ville de Paris concourent également pour une part considérable à la production, surtout en ce qui concerne la visserie et la boulonnerie proprement dites.

L'une des maisons les plus recommandables des Ardennes, celle qui occupe le plus grand nombre d'ouvriers, et qui a introduit dans son assortiment le plus d'articles nouveaux, est la maison Joseph Maré et Girard frères, de Bogny-sur-Meuse, près Château-Regnault; 2,800 tonnes de fer y sont transformées annuellement en ferrures de toute espèce pour voitures et matériel de chemins de fer, boulons, rivets, ferrures de construction, etc. — Dans la même spécialité nous citerons encore MM. Miette, de Braux, et Jubert, de Charleville, puis au Chambon-Feugerolles la maison Thevenet et Boudoint, qui a livré à la marine de grandes quantités de vis de blindage filetées à froid; enfin à Paris, MM. Lecerf, Letroteur, Tesnière et Berthod, qui fournissent aux ateliers de construction parisiens des boulons et des rivets d'excellente qualité, et MM. Priqueler et Loiseau, qui ont monté récemment des ateliers importants pour la fabrication des vis de blindage et qui sont arrivés dans cette spécialité à une véritable supériorité.

La visserie et la boulonnerie fine sont une des branches de la production si variée de la maison Japy frères, de Beaucourt, dans le Haut-Rhin; ce sont les fondateurs de cette puissante maison qui ont inventé la visserie mécanique et qui ont le plus contribué à son développement. Dans le principe, et jusque vers les premières années de ce siècle; les vis à bois nous venaient d'Allemagne, grossièrement taraudées à la lime; MM. Japy, qui depuis longtemps déjà étaient en possession de grands ateliers d'horlogerie, imaginèrent d'appliquer aux échantillons de toute dimension les procédés qui leur servaient à exécuter les vis microscopiques employées pour les ébauches de montres; ils inventèrent ainsi successivement des machines à frapper et à fendre les têtes de vis et des tours automatiques à fileter qui permirent de fabriquer rapidement et avec une grande perfection des quantités énormes de vis de toute sorte,

en même temps que des boulons, des écrous, des rivets, crochets, pitons, etc., obtenus d'une manière analogue. Aujour-
d'hui la maison Japy produit, dans cette seule série d'objets,
25,000 grosses de vis diverses, 8 à 10 millions de boulons
pour ateliers de construction, charpente, charronnage etc., et
150 ou 200,000 kilogrammes de rivets. Une autre maison
française figurait avec distinction à côté des usines de Beaucourt : c'était la maison Viellard et Migeon, de Morvillars, qui
exploite avec succès la même spécialité, et dont les produits de
tout genre sont justement réputés. L'on doit comprendre
encore dans ce genre d'industrie la boulonnerie de précision,
qui s'exécute à Paris avec une rare perfection dans un certain
nombre d'ateliers, dont les principaux sont ceux de MM. Hilaire
Houssaye, Fontenoy et Jourdain.

Les expositions étrangères étaient moins complètes ; cependant, en Angleterre, nous avons à signaler une exposition extrêmement remarquable de boulons variés et de rivets, celle
de la Société de London Works, à Birmingham (Nut and bolt
patent manufacturing company). Ces boulons, de toutes formes
et de toutes dimensions, sont fabriqués par des machines bre-
vétées, qui refoulent d'un seul coup la tête des pièces de la
plus forte taille ; tandis que d'autres machines frappent et ta-
raudent les écrous et tracent les filets des vis ; nous avons vu,
au nombre de ces produits, des boulons d'une entière régularité
qui pesaient jusqu'à 40 kilogrammes.

La boulonnerie belge était représentée par plusieurs exposants avantageusement connus déjà aux expositions antérieures
et qui n'ont pas démérité cette fois ; nous citerons MM. Nicaise,
de Marcinelle, Keyser Rinsfeldt, de Bruxelles, Fondu et Cⁱᵉ, de
Braine-le-Comte, et la Société de Viesville. Ces fabricants,
comme ceux de France et d'Angleterre, emploient des procédés
mécaniques pour l'élaboration de leurs produits. Enfin nous
mentionnerons encore un exposant autrichien, M. Brevillier,
dont les vis à bois et les boulons étaient comparables comme
qualité aux produits de MM. Japy et Viellard-Migeon.

CHAPITRE VIII.

QUINCAILLERIE.

La dénomination de quincaillerie est des plus complexes et s'applique à une infinité d'objets très-différents de formes, de dimensions et d'usages, mais qui cependant sont souvent fabriqués dans les mêmes usines, et sont livrés à la consommation par les mêmes intermédiaires. Ces objets sont principalement les ustensiles en fer battu estampé ou embouti appliqués aux besoins de l'économie domestique, les tôles vernies, les fontes émaillées, auxquels il faut joindre les objets en fonte malléable, que l'on fabrique en assez grande quantité, depuis quelque temps, pour remplacer certaines pièces en fer forgé d'exécution difficile et coûteuse. Il conviendrait encore d'y ajouter les crémones, verrous, serrures, charnières, et en général les articles de petite serrurerie, mais ces différents produits ont été plus spécialement exposés dans la classe 65, à laquelle l'examen doit en être renvoyé.

C'est encore la maison Japy, de Beaucourt, que nous trouvons à la tête de l'intéressante fabrication du fer battu; c'est à elle que sont dus les procédés d'estampage, d'emboutissage et d'étamage à l'aide desquels on a obtenu, par des moyens mécaniques, les premiers types de cette branche d'industrie si importante aujourd'hui et si perfectionnée dans ses moyens d'élaboration. C'est en cherchant à obtenir, par l'emboutissage mécanique, des barillets en acier et en fer où pussent se loger les ressorts moteurs d'horlogerie, que MM. Japy imaginèrent d'appliquer l'estampage des tôles aux ustensiles de ménage et de cuisine. Les appareils de ce genre que produisaient à cette époque Wolverhampton et les Ardennes étaient martelés à la main comme la chaudronnerie de cuivre, et présentaient à la surface jusqu'aux moindres traces du travail du marteau. Les produits de MM. Japy, obtenus parfaitement lisses grâce aux tours à planer qu'ils firent breveter dès 1825, furent immédiatement accueillis avec faveur et rivalisèrent bientôt avec les ustensiles de cuivre, plus chers et d'un emploi souvent dangereux; leur prix modique ne tarda pas à les vulgariser dans le monde entier.

Le vaste champ qu'offrait à l'application de leurs procédés la variété des usages de l'économie domestique fut habilement exploité par MM. Japy, qui adjoignirent successivement à l'emboutissage de la tôle le polissage, l'étamage, le vernissage et l'émaillage de leurs ustensiles. Aujourd'hui, la poterie en fer battu, grâce à toutes ces améliorations, tend à pénétrer de plus en plus dans les ménages de toutes les classes et dans les administrations publiques. L'usine de la Vischotte, où se fait spécialement cette fabrication, occupe 650 ouvriers et renferme des ateliers spéciaux à chacune des opérations que parcourt l'énorme variété des ustensiles de cuisine et de ménage, pour arriver à l'état d'objets terminés. L'on y trouve réunis les ateliers où l'on découpe la tôle à l'aide de cisailles droites ou chantournantes et de balanciers emporte-pièce, qui fonctionnent avec une grande rapidité et une précision remarquable; ceux où se fait l'emboutissage, soit par pression au balancier, par choc au marteau-pilon, soit par serrage ou pression par excentrique; les fours à recuire; la décaperie; les ateliers des tours à planer, à repasser, à ébarber et à border; les ateliers de montage et d'agrafage, l'atelier de vernissage; l'atelier d'émaillage, où l'on applique l'émail sur la poterie de fer battu d'après des procédés analogues à ceux employés pour la fonte; les ateliers de soudage, etc. La production de ces divers ateliers est par année de 2,500 à 3,000 tonnes d'ustensiles divers qui sont vendus dans le monde entier.

Cette industrie concourt encore à l'ensemble de la production des usines de Beaucourt par l'utilisation des déchets qu'elle occasionne. Lorsque l'on découpe dans une feuille de tôle rectangulaire, telle qu'elle vient du laminoir, le disque qui servira à former une casserole, les quatre coins donnent autant de chutes; ces chutes sont employées à faire des palastres, des foncets et les diverses pièces qui entrent dans la composition des cadenas et des serrures en fer; elles servent aussi à fabriquer dans de bonnes conditions des charnières, des rondelles, des viroles, des chaînes de balances, des ressorts de serrures et quantité de menus objets de quincaillerie. A ces déchets s'ajoutent aussi ceux qui proviennent de la fabrication des vis de laiton et des mouvements d'horlogerie, lesquels sont refondus, laminés ou martelés, et fournissent des anneaux, des boutons à vis, des poulies, des roulettes, des cadenas et serrures en laiton, des verrous et targettes, et jusqu'à des objets plus volumineux où le fer et la fonte sont unis au laiton, tels que des pompes à main, des moulins à café, des crochets de porte-manteaux, des marteaux et de nombreux outils. Ces applications variées augmentent la production annuelle de 4 à 5 millions de pièces diverses.

Rappelons en terminant que les ateliers d'horlogerie livrent annuellement 72,000 douzaines de mouvements de montres et 150,000 mouvements de pendules consommant plus de 9 millions de petites vis, et nous aurons donné une idée de la puissance de cette maison colossale, qui emploie près de 6,000 ouvriers, répartis dans huit usines différentes, et qui présente, comme multiplicité et variété de produits, un ensemble que dans aucun autre pays, même en Angleterre, on ne saurait rencontrer.

Deux autres maisons françaises de l'est exposaient des produits du même genre obtenus par des procédés analogues; c'étaient les usines d'Ars-sur-Moselle, à MM. Karcher et Westermann, et celles de Plombières, à M. Victor de Pruines; l'une des spécialités de cette dernière est la fabrication mécanique des couverts en fer battu, dont elle produit jusqu'à 1,000 ou 1,200 douzaines par jour, et qu'elle vend à un prix fabuleux de bon marché. Nous citerons encore un industriel de Paris, M. Girard, inventeur d'un procédé d'étamage dans lequel il supprime l'emploi du suif et le remplace, comme couverture du bain métallique, par le chlorure de zinc. M. Girard exposait des spécimens divers d'ustensiles étamés par son procédé qui paraissaient d'une bonne fabrication.

La Belgique et la Prusse présentaient également un certain nombre d'objets en fer battu d'une belle exécution, ceux de MM. Delloye-Masson, de Bruxelles, et Philippi et Cetto, de Stromberg (Prusse), doivent surtout être mentionnés ; ces produits, obtenus par les procédés français, ont principalement le mérite du bas prix, qui leur permet de lutter sur certains marchés avec ceux de MM. Japy frères, mais ce n'est qu'avec un écart considérable qu'ils arrivent à obtenir la préférence sur une marque toujours recherchée des consommateurs.

Les tôles vernies et les articles qui s'y rapportent ont été de tout temps une des spécialités de Wolverhampton ; on a cherché récemment à les reproduire en France, et l'on a obtenu des résultats satisfaisants, mais qui, cependant, n'atteignent pas à la perfection et au fini des articles anglais. Ce genre de travail, dans lequel on comprend la fabrication des cages et celle des plateaux et objets de toute sorte en carton ou en papier mâché, peints, vernis, et diversement décorés, est également fort répandu dans le Wurtemberg, où il a fait depuis longtemps la réputation de plusieurs grands établissements. Nous avons remarqué dans la section anglaise l'exposition très-complète de M. Loveridge, de Wolverhampton, et en Wurtemberg, celles de MM. Deffner, d'Elpingen, et Rau et Cⁱᵉ, de Göppingen.

Les fontes émaillées, dont la fabrication s'est singulièrement développée et perfectionnée dans ces derniers temps, étaient représentées par de beaux spécimens en France, en Angleterre et en Prusse ; les fontes de M. Clark, de Wolverhampton, employées comme ustensiles de toute espèce, celles de M. B. Baugh, de Birmingham, appliquées surtout aux enseignes et aux plaques indicatives avaient un fort bel aspect; il en était de même des vases émaillés de M. Krause, de Berlin, dans la section prussienne, mais la supériorité nous a semblé appartenir à M. Rogeat, de Lyon, qui exposait des échantillons très-variés et de dimensions exceptionnelles, réunissant toutes les qualités désirables. L'émail de M. Rogeat a l'énorme avantage de présenter une grande solidité et une liaison intime avec la fonte sur laquelle il est appliqué; ne renfermant pas d'oxydes métalliques, il n'est pas attaqué par les agents chimiques et peut, par suite, être employé sans inconvénient pour les baignoires destinées aux bains minéraux, comme pour les cuves et appareils divers servant aux industries de la teinture et des produits chimiques. Citons encore M. Pâris, d'Ivry, près Paris, qui a trouvé le moyen d'appliquer sur la fonte des couvertes vitrifiables à colorations variées, imitant avec beaucoup de succès la faïence et la porcelaine peintes, et pouvant être appliquées utilement à l'ornementation intérieure des habitations et aux décorations polychromes, aujourd'hui si recherchées.

La fonte malléable, dont nous avons à dire ici quelques mots, est maintenant l'objet d'une production importante qui fournit en Angleterre, en France, en Allemagne et en Amérique une grande quantité de pièces à l'armurerie, à la sellerie, à l'éperonnerie et à la quincaillerie en général. L'exposition la plus remarquable et la plus complète en ce genre était celle de M. Dalifol, de Paris, qui est arrivé par un mode de traitement particulier, et en employant le minerai comme agent réducteur, à faire passer la fonte par tous les états de décarburation intermédiaires, depuis la fonte ordinaire jusqu'au fer doux; des barres tordues à chaud et à froid, des pièces laminées et des outils tranchants, témoignaient de cette diversité de composition et de propriétés.

Les produits de M. Stotz, de Stuttgart, et de M. Warner, de New-Haven, aux États-Unis, exposés à l'état brut, n'avaient ni le poli, ni le fini de ceux de leur concurrent français, mais ils n'en étaient pas moins l'indice d'une fabrication développée et bien conduite. Tout récemment, un fabricant de Rouen, M. Trolé, a entrepris de faire des clous pour chaussures en fonte malléable ; il en exposait une assez belle collection ; seulement, pour être en mesure de se prononcer sur le mérite de cette innovation, il faudrait qu'une plus longue expérience en eût été faite.

Il y a encore un grand nombre de spécialités qui se rattachent plus ou moins directement à la quincaillerie et que nous ne saurions passer sous silence, bien qu'elles n'aient figuré que d'une manière très-incomplète dans les galeries de la classe 40. Nous signalerons comme ayant mérité une mention particulière les objets en acier poli de MM. J. Heeley et fils de Birmingham et Baraduc de Paris, les patins de MM. Bill et Skerry de la Nouvelle-Écosse et J.-J. Mac-Cormick du Connecticut, les alènes ou poinçons de la maison Burkhardt, Kaupert et Cie de Schmalkalden, et les goupilles de M. Dreher de Gerresheim en Prusse, les chaînes en fer poli de M. Kahn de Cologne, les épingles en laiton et en fer de MM. Cribier de Viroflay et Rattisseau d'Orléans, les œillets métalliques de M. Bourgerie de Raucourt, les articles en laiton estampé et en bronze verni ou doré pour ameublement de M. Joseph Hill de Birmingham, ceux de M. Chauvel d'Évreux, les lits et les meubles en fer de M. A. Berl, fabriqués par les détenus de la maison centrale de Clairvaux ; enfin les appareils en tôle galvanisée de M. Carpentier, les porte-bouteilles de M. Barbou, les ressorts et les fourchettes de parapluies de M. Lecoq, les châssis et les étalages de magasins de M. Bisson, les ustensiles de cuisine et de ménage de M. Gleize, en cuivre repoussé au marteau, les garnitures de foyer de M. Poyard, spécimens intéressants des produits si variés de l'industrie parisienne.

CHAPITRE IX.

TAILLANDERIE.

Nous choisissons plus spécialement ce terme pour désigner les outils tranchants de toute sorte, en acier ou en fer aciéré, qui sont employés dans les diverses professions se rapportant à l'industrie et à l'agriculture.

L'ensemble des produits de ce genre formait assurément, en raison de la variété, de l'importance et de la perfection des spécimens présentés, l'une des parties les plus intéressantes et les plus remarquables de l'Exposition de 1867; il a permis de constater, par l'examen comparatif des groupes nombreux d'objets appartenant aux différents pays, les progrès plus ou moins rapides réalisés par chacun d'eux. Nous sommes heureux de dire que cet examen a été des plus favorables à la France, et que le mouvement signalé à l'occasion des expositions précédentes ne s'est point ralenti. Ce mouvement s'est produit tardivement, il est vrai, et ne s'est fait sentir que lentement au début; mais cela tient à ce que pour la France, les conditions n'étaient pas les mêmes que pour d'autres pays, et notamment pour l'Angleterre.

Nous avons parlé plus haut des difficultés considérables qui s'étaient opposées au développement dans notre pays de l'industrie aiguillière; dans beaucoup d'autres industries, et spécialement dans celle qui nous occupe en ce moment, l'on a rencontré des difficultés de même nature : en France, il faut généralement tout créer à la fois et songer, avant de fonder un établissement nouveau, à réunir et à former des ouvriers pour le peupler et l'animer; en Angleterre, au contraire, cette population se trouve toute formée; elle existe dans un certain nombre de centres spéciaux, où elle se transmet, de père en fils, ses procédés et ses secrets de métier, et le plus souvent le patron n'est qu'un négociant, un entrepositaire qui concentre, pour les livrer à la consommation, les produits des ateliers isolés où la division du travail est poussée à ses dernières limites : ce patron peut changer ou disparaître, l'industrie n'en subsistera pas moins; elle est organisée, enrégimentée, en quelque sorte, dans ces corporations ouvrières qui ont été si longtemps la force de cette nation industrieuse.

Ce développement précoce, nos voisins le doivent au génie de leur race, naturellement portée aux applications et à la pratique, à la forme de leurs institutions et à la richesse minérale de leur sol, si libéralement doté par la nature. Alors que les sciences appliquées et les théories économiques étaient encore lettres closes pour la plupart des autres peuples, eux possédaient déjà ce qu'il nous a fallu improviser en quelques années. Ajoutons que, par contre, une fois les premières difficultés surmontées, ce qui avait fait notre infériorité est devenu pour nous un avantage. Là où l'expérience et la pratique font défaut à la masse, les améliorations indépendantes de la main-d'œuvre ont plus d'influence et sont plus efficaces; car les résistances systématiques d'une tradition qui se change souvent en routine n'y font pas obstacle aux perfectionnements que provoque une initiative intelligente. C'est ce qui a eu lieu en France, où en très-peu de temps les efforts persévérants d'un certain nombre de chefs d'industrie ont produit des résultats très-remarquables.

L'extension donnée à l'emploi de matières premières de qualité supérieure, favorisée par l'abaissement du prix des aciers puddlés et des aciers fondus; la transformation de l'outillage et l'application de plus en plus répandue de machines ingénieuses servant d'auxiliaires au travail manuel; ce travail, amélioré lui-même par une pratique bien dirigée; enfin, et par-dessus tout, les nécessités résultant de la libre concurrence et de la suppression des droits protecteurs, ont permis à l'industrie française de regagner le temps perdu et d'arriver sur bien des points à n'avoir plus rien à redouter de la comparaison avec l'étranger. Nous enregistrons ce fait avec d'autant plus de satisfaction qu'il est assez général aujourd'hui pour que l'on n'ait pas à craindre de mouvement rétrograde ; l'impulsion est donnée, elle sera désormais suivie.

L'étude de la taillanderie peut se diviser en trois sections que nous allons passer successivement en revue, et qui comprennent : la première, les scies et outils tranchants ; la deuxième et la troisième, les faux et les limes.

§ 1. — Scies et outils tranchants.

Pendant longtemps, les scies anglaises ont été les plus estimées ; toutes les grandes scieries s'approvisionnaient en Angleterre, et ce n'est que depuis très-peu d'années que l'opinion est revenue sur le mérite d'exécution des scies fabriquées en France, et a rendu à ces produits la justice qui leur est due ; en effet, on fabrique aujourd'hui dans plusieurs usines françaises des scies de tous modèles qui ne le cèdent en rien comme trempe, comme souplesse et comme régularité, aux meilleurs outils de ce genre fournis par les ateliers étrangers. Trois grandes maisons du Bas-Rhin et du Doubs, dont la fabrication variée comprend l'ensemble presque complet des produits de la taillanderie, avaient exposé des scies fort bien exécutées ; ce sont celles de MM. Goldenberg, du Zornhof, Coulaux, de Molsheim, et Peugeot Jackson, de Pont-de-Roide ; nous avons remarqué surtout la grande scie circulaire de M. Goldenberg et la scie à ruban sans fin et sans soudure de MM. Coulaux et Cie ; quelques fabricants spéciaux, la plupart de Paris, avaient aussi des spécimens d'une bonne exécution : tels étaient MM. Périn et Mongin, dont les scies de toute forme et de toute dimension sont maintenant fort appréciées.

L'Angleterre s'est malheureusement abstenue d'exposer des scies isolées ; nous avons vu cependant dans la section anglaise quelques scies circulaires, mais elles faisaient partie de machines que nous n'avions pas à examiner.

En Amérique, au Canada, où l'exploitation des bois a déterminé la création de nombreuses scieries mécaniques, on fabrique de grandes scies circulaires, par un procédé économique qui simplifie les difficultés de main-d'œuvre, et qui consiste à rapporter les dents de la scie sur un disque en tôle; mais ce mode de fabrication ne saurait être recommandé.

Les outils tranchants divers étaient nombreux et remarquables dans diverses sections, et principalement en France et en Angleterre; nous retrouvons en France les trois maisons dont nous avons parlé tout à l'heure, et dont l'assortiment était des plus intéressants; l'exposition de M. Goldenberg surtout attirait l'attention générale, autant par la variété que par le fini d'exécution des produits qui y figuraient; après ces maisons, que l'on peut considérer comme hors ligne, et qui ont fait faire à leur industrie des progrès qui l'ont mise au niveau de l'industrie anglaise, nous citerons encore M. Gautier de l'Orme-Saint-Gervais, à Paris, qui fabrique de bons outils de grosse taillanderie, et M. Simonin Blanchard, dont les outils de sellerie ont une réputation méritée en France et à l'étranger.

En Angleterre, figuraient au premier rang MM. Burys et Cie et M. Turton, de Sheffield, l'un et l'autre exposant des produits variés en acier fondu, et spécialement des outils tranchants d'excellente fabrication; puis, après eux, MM. Gilpin et Cie, de Stafford, renommés pour la supériorité de leurs tarières et de leurs outils divers; enfin, un certain nombre de fabricants recommandables à différents titres, tels que MM. Addis, de Londres, Green, de Sheffield, etc.

En Autriche, nous citerons M. de Wertheim, qui joignait une collection de pièces de serrurerie de premier ordre à une exposition intéressante d'outils montés en bois.

Enfin, en Amérique, nous mentionnerons comme particulièrement intéressante la belle exposition de la Société dite *Douglas axe company*, de Boston, où figuraient un certain nombre d'outils destinés spécialement aux planteurs et aux pionniers du nouveau monde, et présentant par leurs formes et leurs dispositions les conditions les plus favorables aux usages auxquels ils doivent être appliqués. Nous y avons vu à côté des machettes, ou couteaux à canne à sucre, qui servent à la fois d'armes et d'outils aux planteurs des provinces du Sud, des haches de bûcheron d'une conception fort intelligente, emmanchées d'une manière ingénieuse, qui en facilite le maniement. Ces haches ont généralement un biseau très-obtus, au lieu du taillant mince et affilé de nos outils européens ; cela tient à ce que le bûcheron des forêts américaines trouvant difficilement, dans les stations où il s'installe, le moyen de faire réparer ses outils, il les lui faut solides et capables de faire un long service sans s'ébrécher, sauf à nécessiter une force plus grande pour les manier utilement et en tirer bon parti.

§ 2. — Faux.

Les faux, dont la fabrication est une des branches de production les plus considérables de l'Europe centrale, se divisent en deux grandes catégories : les faux forgées et les faux laminées, parmi lesquelles on doit encore distinguer les faux minces et légères, se redressant et s'affûtant au marteau, et les faux épaisses et lourdes, s'aiguisant à la meule.

La faux forgée est, par excellence, la faux autrichienne ou faux de Styrie, fabriquée avec les aciers naturels de qualité exceptionnelle que fournissent les admirables minerais de cette province ; la faux laminée et aiguisée est spécialement la faux anglaise, type qui s'écarte du premier sous tous les rapports ; dimension, poids, maniement, entretien, tout est différent dans ces deux genres d'outils, qui tous deux rendent cependant de bons services ; seulement, il faut que chacun soit appliqué au travail auquel il est propre. Dans les immenses et grasses prairies des plaines de l'Angleterre, où l'herbe, épaisse et touffue, n'est mêlée d'aucun corps étranger, le faucheur, armé d'une grande faux soigneusement aiguisée, produit un rendement considérable qu'il lui serait impossible d'obtenir avec les petites faux de Styrie; par contre, les faux anglaises seraient promptement hors de service dans les prairies pierreuses et accidentées du continent, où il est nécessaire que l'ouvrier puisse à chaque instant réparer le tranchant de l'instrument qu'il emploie.

On fait également en Allemagne et en France des faux forgées ou laminées en acier naturel et en acier fondu. Les faux forgées se fabriquent au martinet, à l'aide duquel on martèle un bidon d'acier naturel qui est généralement soudé à une partie en fer; le tranchant est pris dans l'acier, et le fer forme le dos. Les faux laminées sont toutes à dos rapporté, soudé ou ajusté avec de petits rivets.

L'Angleterre n'avait pas exposé de faux, ou du moins ce genre de produits ne figurait que dans les expositions de l'agriculture, où nous n'avons pu l'aller chercher; mais, par contre, l'Allemagne et la France étaient représentées d'une façon très-complète. L'exposition des fabricants styriens et carinthiens ne comptait pas moins de cinquante exposants, en tête desquels nous devons placer MM. Ch. Weinmeister, de Wasserleit, G. Zeitlinger, de Blumau, et V. Huber, de Randegg; les faux de ces industriels sont célèbres depuis longtemps et s'exportent dans l'Europe entière. A côté d'eux, nous citerons en Allemagne la maison Haueisen, de Stuttgard, qui produit de très-bonnes faux forgées ou laminées, ainsi que des faucilles et des hache-paille de qualité supérieure. La Westphalie a fourni aussi un contingent respectable; la fabrication des faux en acier naturel s'y fait dans de nombreuses usines, mais en général ces produits sont inférieurs à ceux que nous avons cités plus haut.

Quant à la France, elle montrait en première ligne les produits de M. Coulaux, de Molsheim; ceux de M. Dorian Holtzer, de Pont-Salomon, et de M. Talabot, du Saut-du-Tarn : faux forgées ou laminées à dos rapportés, faux aiguisées à la manière anglaise, assortiment complet enfin des spécimens les plus variés et d'une qualité qui ne redoute aujourd'hui aucune

comparaison. Les aciers fondus employés par ces importantes
maisons sont obtenus avec des fontes de qualité exceptionnelle,
et offrent toutes les propriétés qui conviennent le mieux à
cette fabrication.

§ 3. — Limes.

Pour les limes, nous n'avons que peu de choses nou-
velles à dire : la question de la machine opposée au travail
à la main est encore pendante, et il en est de même de la
question de la trempe, pour laquelle les divers fabricants sont
en désaccord. Ce qui paraît généralement admis aujourd'hui,
c'est que si la machine donne de bons résultats pour la taille
des petites limes, elle est sans avantage pour les limes de
moyennes ou de grandes dimensions, qu'un habile ouvrier
exécute à la main plus rapidement et avec autant de régularité.
Quant à la trempe, qui pour beaucoup d'industriels constitue
un procédé secret auquel est attachée une grande importance,
elle se fait avec autant de succès au feu, par la méthode ancienne, qu'au bain métallique, comme le pratiquent aujourd'hui
quelques fabricants; seulement, il est présumable que cette
dernière méthode, qui expose moins la lime à gauchir et qui
la tient à l'abri des influences atmosphériques, doit donner
lieu à moins de déchets.

C'est dans cette branche d'industrie que la France a réalisé
dans ces dernières années les progrès les plus saillants, et
ceux que l'on doit remarquer le plus, en raison des difficultés
spéciales dont nous avons parlé plus haut; c'est en effet une
industrie essentiellement de main-d'œuvre, dont les Anglais
avaient depuis longtemps le monopole, et dans laquelle les
corporations de Sheffield étaient arrivées à un degré de perfection qu'il semblait impossible d'atteindre. A la tête des industriels énergiques et habiles qui sont arrivés à ce résultat, nous
retrouvons encore M. Goldenberg, auquel nous devons attribuer
la plus grande part des succès obtenus. Aujourd'hui les limes

françaises sont recherchées à l'égal des limes anglaises, aussi bien à cause des aciers employés à leur fabrication qu'en raison de la précision et de la finesse de leur exécution.

Les exposants de limes étaient en grand nombre; parmi les meilleurs nous pouvons citer, en France, après M. Goldenberg, MM. Limet et Lapareillé, Crémière et Boilleau, Taborin, Despret frères, Proutat et Michot, Rémond, Bourse, Bouland, etc., qui sont parvenus, chacun dans sa spécialité, à une grande perfection de travail. MM. Limet et Lapareillé exposaient en outre des aimants en acier trempé, à lames multiples, qui sont employés dans la construction des appareils magnéto-électriques des phares, et qui présentent de sérieuses difficultés de trempe et d'ajustage très-heureusement surmontées.

En Angleterre, MM. Burys et Turton ont soutenu la vieille renommée de Sheffield. En Prusse, on a beaucoup admiré les produits de la maison Mannesmann, de Remscheid, qui, indépendamment de limes grandes et petites, d'une fabrication remarquable, exposait des aciers fondus en blocs, en lingots et en barres d'un grain très-fin et d'une qualité exceptionnelle. MM. Mannesmann peuvent être aujourd'hui considérés, sans contredit, comme les premiers fabricants de limes de l'Allemagne, et ils vont de pair avec les industriels les plus éminents des autres pays.

Outre cette fabrication de choix, il se fait en Prusse une quantité notable de limes communes pour l'exportation, qui, malgré leur bas prix, ne sont pas sans valeur et méritent d'être mentionnées. Enfin, en Belgique, nous citerons MM. Robert et de Lambert, tous deux successeurs de la maison Brizard, de Liége, dont ils ont su maintenir l'ancienne réputation.

CUIVRES BRUTS ET AFFINÉS

Par M. J. MARTELET.

L'industrie du cuivre ne présente, au point de vue technique, que peu de faits nouveaux ; les méthodes de traitement de ce métal sont restées les mêmes depuis un certain nombre d'années ; elles sont décrites avec détail dans des ouvrages devenus classiques, et il serait sans objet de les reproduire ici ; nous nous bornerons donc à indiquer rapidement, en passant en revue les différents centres de production, les légers changements qui ont pu être introduits dans la disposition de certains appareils d'élaboration. Mais en dehors des procédés ou des théories métallurgiques, il est dans une semblable question un côté qui mérite d'être envisagé attentivement : c'est le côté statistique et économique, dont l'examen présente le plus haut intérêt par les enseignements qu'il fournit sur le développement des forces productives des nations. C'est sur ce point que nous avons à insister le plus particulièrement, et nous croyons devoir le faire avec d'autant plus de soin, que les découvertes, provenant d'explorations incessantes, tendent à modifier plus profondément les données admises jusqu'à ce jour.

Les contrées du nouveau monde sont celles où ces explorations sont de beaucoup les plus actives et les plus fructueuses ; tentées surtout en vue de la recherche des métaux précieux, elles ont fait reconnaître sur toute la longueur de la vaste chaîne qui descend des régions polaires, jusqu'à l'extrémité de l'Amérique australe, la présence de richesses métalliques de toute nature, et, parmi les gisements ainsi mis en évidence, le cuivre apparaît partout en masses, dont la puissance offre un champ inépuisable aux exploitations de l'avenir. Déjà de grands travaux ont été entrepris, et des résultats considérables ont été obtenus ; c'est de ces résultats que nous avons à nous occuper d'abord, en constatant les progrès industriels qui en ont été la conséquence.

§ 1. — Chili.

Nous devons, avant tout, signaler un fait qui présente une importance économique capitale : c'est la création récente d'ateliers métallurgiques nombreux sur des points où, jusqu'à ces dernières années, il n'existait que des exploitations plus ou moins actives ; c'est la transformation sur place, et à l'aide des ressources du pays, d'un minerai riche et abondant, qui subissait précédemment l'intermédiaire onéreux d'une industrie étrangère avant d'être livré à la consommation européenne ; c'est, en un mot, le traitement au Chili même des magnifiques minerais que renferme cette partie du continent américain. Ce fait, qui constitue un progrès manifeste dans l'existence industrielle du pays où il s'est produit, acquiert, à notre avis, une portée toute spéciale quand on considère les modifications nécessaires que sont appelées à subir les relations des peuples entre eux, et le besoin chaque jour plus accusé de substituer un régime rationnel d'échanges directs aux errements commerciaux aujourd'hui en vigueur. Nous ajouterons que, pour la France en particulier, il aura eu les conséquences les plus fécondes, en ce qu'il sera venu affranchir notre industrie nationale du monopole de l'Angleterre et de l'intermédiaire obligé du marché de Swansea, et lui aura permis, au moment où elle n'avait plus à compter sur les droits protecteurs des anciens tarifs douaniers, de soutenir dignement la concurrence étrangère.

Les gîtes cuprifères du Chili sont connus depuis longtemps; plusieurs d'entre eux étaient déjà exploités sous la domination espagnole, mais c'est surtout dans ces dernières années que les travaux des mines ont pris de l'extension, et aujourd'hui l'extraction du minerai de cuivre est de beaucoup l'industrie la plus productive et la plus florissante du pays. Les affleurements reconnus sont en quelque sorte innombrables, et l'on ne compte pas moins de 1,668 mines, dont l'exploitation emploie plus de 20,000 ouvriers, et donne un produit annuel de 15 à 16 millions de piastres. Ces mines ont une importance des plus variables : quelques-unes sont considérables et sont exploitées à l'aide de moyens aussi perfectionnés que ceux dont on fait usage en Europe ; d'autres, au contraire, ne sont que des chantiers passagers qui s'organisent surtout lorsque le prix du cuivre est élevé, et qui occupent quelques ouvriers travaillant sous la direction ou pour le compte de l'un d'eux. Les unes et les autres ne sont pas réunies sur un point unique ; elles sont réparties au contraire sur toute l'étendue du littoral de la république, à une distance des côtes qui dépasse rarement 20 à 25 kilomètres, et à portée des meilleurs ports du Pacifique, tels que Caldera, Carrisal, Huasco, Coquimbo, Valparaiso, etc.; les filons qui se rapportent au terrain de transition de la côte renferment tous, à la partie supérieure, des minerais oxydés tels que silicates, carbonates ou oxychlorures, qui passent aux sulfures lorsqu'on pénètre en profondeur. L'exploitation ayant aujourd'hui presque partout franchi cette limite, l'on peut considérer les produits comme consistant à peu près exclusivement en cuivres pyriteux ou panachés de teneur variable, mais toujours d'une grande pureté et exempts d'arsénic et d'antimoine ; ils ne sont pas argentifères, mais ils contiennent accidentellement de l'or, dont le gisement appartient au même terrain.

L'on rencontre plus avant dans l'intérieur, au milieu des terrains stratifiés plus récents soulevés par la chaîne des Andes, d'autres filons également fort nombreux, dont les produits sont

argentifères; mais le minerai s'y trouve mêlé à des pyrites ar-
sénicales, des cuivres gris, des blendes ou des galènes qui en
altèrent la pureté. Ils sont aussi d'une exploitation plus difficile, et par suite moins suivie, et en somme les mines du littoral produisent plus des neuf dixièmes du cuivre exporté chaque
année du Chili.

Dans le principe, c'était uniquement à l'état de minerai que
ce cuivre était transporté en Europe; c'est, nous l'avons dit
plus haut, depuis quelques années seulement que l'on a entrepris le traitement sur place d'une partie du produit des mines.
Cette entreprise, qu'a favorisée la découverte de gisements importants d'un combustible de bonne qualité, a pleinement
réussi ; il existe aujourd'hui à proximité de la côte une mul-
titude d'ateliers, parmi lesquels on compte plusieurs usines
considérables, où se fait sur une grande échelle l'élaboration
du minerai, et dès 1865 plus des trois quarts du cuivre exporté l'était à l'état de cuivre affiné, de cuivre noir ou de
mattes cuivreuses.

Les principales usines du Chili sont celles du Guayacan, de
Panucillo, de Carrisal et de Lota, situées en général auprès des
mines métalliques ou à proximité des gisements de combusti-
bles. Les minerais étant très-purs, le traitement suivi est des
plus simples, et quatre ou cinq opérations successives suffisent
ordinairement pour les transformer en cuivre métallique.

Les fondeurs chiliens grillent d'abord les minerais, puis ils
les fondent et obtiennent une matte enrichie à 50 pour 100
qu'ils appellent régule. Ce régule est de nouveau grillé et fondu,
puis soumis à un rôtissage et à une troisième fusion qui donne
un cuivre noir, riche à 95 ou 96 pour 100, connu sous le nom
de barres brutes. Enfin ces barres sont affinées et produisent
des lingots d'excellente qualité. Toutes ces opérations sont exécutées dans des fours à réverbère par la méthode anglaise, et
le combustible que l'on emploie est le charbon chilien provenant des mines de Lota et de Coronel, seul ou mélangé avec
de la houille anglaise.

L'importation de cette dernière au Chili, en 1865, a été de 19,800 tonnes, dont la valeur a été de 158,500 piastres.

On a établi en outre tout récemment à Coquimbo une usine spéciale pour la fabrication de l'acide sulfurique et le traitement par voie humide des minerais pauvres : l'acide s'obtient à l'aide du soufre extrait des Cordillères, ou provient du grillage des minerais pyriteux et des mattes, et il sert à attaquer des minerais à gangue quartzeuse, ne contenant qu'environ 3 pour 100 de métal ; on précipite par le fer les dissolutions saturées chauffées à la vapeur, et on fond le cuivre de cémentation dans des fours à réverbère. On utilise également une partie de cette dissolution pour la fabrication du sulfate de cuivre qu'on fait cristalliser dans des chaudières en plomb.

Il ne nous a pas été possible de connaître d'une manière précise le chiffre des divers produits fournis par les usines, mais les renseignements que nous avons pu recueillir nous permettent d'évaluer la production annuelle du Chili à 40 ou 45,000 tonnes, dont :

       5,000 en lingots affinés,
      20,000 en barres brutes,
      10,000 en régules,

et 10,000 à l'état de minerais, qui renferment en moyenne 25 pour 100 de métal pur et sont envoyés crus en Angleterre ou aux États-Unis. C'est également l'Angleterre qui reçoit les régules et la plus grande partie du cuivre métallique ; une petite quantité est expédiée aux États-Unis, et le reste, 4,000 tonnes environ, arrive directement en France.

Ce dernier chiffre semblera sans doute peu considérable ; il n'atteint pas en effet le quart de la consommation de nos usines, mais l'on ne doit pas oublier qu'il ne représente que l'importation directe ; il serait notablement plus élevé si l'on y ajoutait les cuivres qui empruntent la voie anglaise pour arriver jusqu'à nous. Le fret d'Angleterre en France n'est que de 25 francs par tonne, et comme le transport des marchandises en provenance du Chili est généralement plus cher pour la

France que pour l'Angleterre, toutes les fois que cette différence dépasse une livre sterling, l'on trouve avantage à expédier par l'Angleterre. C'est ce qui a lieu pour plus des trois quarts de notre consommation ; mais le Chili n'en est pas moins aujourd'hui le principal pourvoyeur des usines françaises, qui sont désormais à l'abri des fluctuations arbitraires imposées autrefois par une industrie monopolisée. Cet avantage compense largement le léger surcroît de dépense résultant de la différence des transports, et place nos industriels dans des conditions qui leur permettent, grâce aux perfectionnements apportés à la fabrication de leurs produits manufacturés, de soutenir victorieusement la lutte jusque sur les marchés de l'étranger.

C'est à l'initiative, à l'intelligence et aux efforts persévérants d'un ingénieur civil sorti de l'École des mines de Paris que sont dus les progrès industriels réalisés au Chili : c'est M. Domeiko, géologue et minéralogiste distingué, établi depuis plusieurs années dans ce pays, dont il a étudié de la façon la plus complète les ressources de toute nature, qui, après avoir, par des recherches bien dirigées, donné aux travaux des mines une vigoureuse impulsion, a su faire comprendre à ses compatriotes d'adoption l'intérêt qu'il y avait pour eux à se faire métallurgistes ; c'est lui que l'on peut considérer à juste titre comme le créateur d'une industrie florissante dès son début, et évidemment appelée à l'avenir le plus prospère. C'est également lui qui a eu le mérite d'organiser la remarquable exposition des produits minéraux du Chili, si bien faite pour donner une juste idée de l'incomparable richesse de ce beau pays.

D'aussi éminents services avaient droit à l'estime des hommes éclairés, comme à la gratitude des nations industrieuses, et le Jury a su le reconnaître en accordant à M. Domeiko l'une des plus hautes récompenses qu'il lui appartînt de décerner.

§ 2. — Autres États de l'Amérique du Sud.

Tous les autres États de l'Amérique du Sud sont riches en minerais de cuivre : la République argentine, l'Uruguay, le Brésil dans les provinces de Matto Grosso et de Rio Grande du Sud, la Colombie, le Pérou et avant tous la Bolivie, possèdent des mines nombreuses qui pourraient donner lieu à une énorme production ; malheureusement les bras et les capitaux manquent généralement pour entreprendre des travaux sérieux d'exploitation, et il se passera sans doute un temps considérable avant que les contrées sud-américaines aient pris dans l'industrie minérale le rang auquel la nature les a destinées. Nous citerons toutefois dès maintenant comme États producteurs les provinces de la Plata, qui exportent chaque année environ un millier de tonnes de cuivre en barres, et la Bolivie, où se trouvent les célèbres mines de Corocoro, bien connues depuis longtemps des métallurgistes européens. Le minerai de Corocoro est un cuivre natif dont la teneur dépasse quelquefois 95 pour 100 ; il ne renferme aucune substance nuisible, et sa valeur commerciale est considérable ; il était autrefois particulièrement recherché par les usines françaises, dont il formait l'approvisionnement principal, mais il a été aujourd'hui remplacé en grande partie par les cuivres noirs du Chili.

§ 3. — États-Unis.

Après le Chili, le pays où la production du cuivre a eu l'accroissement le plus rapide est l'Union américaine du Nord. L'on connaît les célèbres gisements du lac Supérieur, où le cuivre natif se rencontre au milieu des terrains siluriens les plus anciens en filons ou en amas, sous forme de masses plus ou moins volumineuses, ou de grains engagés dans des gangues terreuses. Ces gisements, dont les plus connus sont ceux de Cliff et de Minnesota, ont déterminé successivement la création d'établis-

sements qui ont acquis en peu de temps une grande importance. Traité primitivement dans la seule usine de Détroit,
entre les lacs Huron et Erié, le cuivre natif n'a pas tardé à
attirer jusque dans son voisinage immédiat les capitaux et les
efforts des métallurgistes ; de nouveaux ateliers se sont installés sur le lac même, à Portage-Lake, à Lake-la-Belle, à Onto-
nagon, pendant qu'à Cleveland dans l'Ohio, à Pittsburgh en
Pensylvanie, il s'élevait des usines rivales de celles de Détroit,
et la production, qui était en 1860 de 5,000 tonnes, est montée
jusqu'à près de 10,000. Bientôt des minerais d'autre nature et
d'autres provenances sont venus se réunir aux premiers et con-
courir à l'alimentation des usines ; des mines nombreuses de
cuivre pyriteux ont été découvertes dans divers États de l'U-
nion, principalement dans le Maryland, la Pensylvanie, le Mas-
sachusetts et l'État de New-York, et en même temps la naviga-
tion des Antilles et du Pacifique a fait affluer sur les marchés du
Nord les minerais de l'Amérique du Sud, ceux de Cuba et même
ceux de la Californie, amenés comme lest par les navires en re-
tour de San Francisco. Ces derniers minerais, en général sulfureux, sont élaborés surtout dans les usines de Baltimore et de
Boston ; leur richesse est des plus variables, et la production à
laquelle ils donnent lieu est naturellement irrégulière, mais elle
va néanmoins en croissant tous les ans, et elle atteint presque,
aujourd'hui, celle qui résulte du traitement des cuivres natifs.

Nous n'avons rien à dire de particulier sur les procédés de
traitement, ils sont analysés avec les plus grands détails dans
le *Traité de Métallurgie* de M. l'ingénieur en chef Rivot, et l'on
n'y a apporté depuis la publication de cet excellent ouvrage
que des modifications sans importance.

Les minerais sulfureux sont traités par la méthode alle-
mande ; ils sont d'abord grillés en tas, puis fondus pour matte
au four à manche ; la matte, grillée à son tour en cases, est
fondue de nouveau au four à manche et transformée en cuivre
noir, que l'on affine ensuite au réverbère. Quant aux cuivres
natifs, ils sont fondus dans des fours à réverbère où se pratiquent

également l'affinage et le raffinage, et les scories, qui sont toujours très-riches en cuivre, sont repassées au four à manche. Le cuivre retiré ainsi des scories renferme une quantité notable de fer dont il est absolument impossible de se débarrasser dans l'affinage à cause de l'absence complète du soufre; l'on ne pourrait éliminer ce fer que par l'oxydation, et pour que l'opération fût complète, il faudrait oxyder en même temps une grande partie du cuivre. Il serait facile de remédier à cet inconvénient en mêlant les scories avec des minerais sulfureux, de façon à obtenir d'abord une matte, puis un cuivre noir, renfermant assez de soufre pour permettre dans l'affinage l'expulsion complète du fer; mais les fondeurs du lac Supérieur se sont toujours obstinément refusés à faire intervenir le soufre, qu'ils considèrent à tort comme devant avoir une influence pernicieuse, et ils continuent ainsi à produire, à côté de leurs premières marques qui se consomment dans le pays, un cuivre de qualité très-inférieure qui est en général expédié en Europe.

En somme, les usines de l'Amérique du Nord fabriquent actuellement une moyenne annuelle de 20,000 tonnes environ, dont une grande partie est utilisée sur place. Ce chiffre, qui en quelques années s'est élevé ainsi dans la proportion de 1 à 4, est certainement destiné à s'accroître encore. Presque tous les États de l'Union renferment du cuivre en abondance, ceux de l'ouest surtout, et l'activité américaine ne tardera pas à en tirer parti. La Californie fournit déjà en minerais plus ou moins riches un contingent annuel de 30,000 tonnes, que l'on doit s'attendre à voir augmenter rapidement, et auquel se joindront les produits de l'Idaho, de l'Orégon, de l'Arizona, du Névada, sans parler de ceux de l'Utah, du Colorado, du Nouveau-Mexique, jusqu'ici moins à portée des moyens de communication; et le temps n'est pas loin peut-être où la force des choses transformera la baie de Boston en un nouveau Swansea.

§ 4. — Grande-Bretagne.

La production américaine, en se développant aussi brusquement et en arrivant d'un seul jet à ce qu'elle est aujourd'hui, a exercé naturellement une influence marquée sur l'industrie européenne, et, comme l'on devait s'y attendre, de toutes les nations produisant du cuivre, c'est l'Angleterre qui a été la plus profondément impressionnée ; elle s'est vu, en effet, enlever à la fois ses principaux débouchés et la plus grande partie des matières premières qui alimentaient autrefois ses ateliers d'élaboration.

Aussi la quantité de cuivre fabriqué dans les usines de Swansea a-t-elle notablement diminué.

L'abstention presque complète de cette branche d'industrie à l'Exposition de 1867 et le manque absolu de renseignements, même approximatifs, sur les quantités livrées au commerce, ne nous permettent pas de donner ici des chiffres précis ; mais nous pensons que le chiffre indiqué plus haut pour la production du Chili en cuivre brut ou affiné doit correspondre jusqu'à un certain point à la diminution qu'a subie celle de l'Angleterre depuis quelques années. Ce résultat n'est pas le seul qui se soit produit, et les usines n'ont pas seules supporté le contre-coup de la concurrence américaine. La baisse de prix considérable déterminée par cette concurrence a modifié notablement la situation des mines des comtés de Cornouailles et de Devon, et a provoqué le chômage d'un assez grand nombre de chantiers, en sorte que l'extraction du minerai, qui en 1863 était encore de 214,000 tonnes, a diminué depuis de plus d'un quart.

Enfin ce n'est pas uniquement au point de vue de la quantité que le minerai du Chili fait défaut aux fonderies anglaises, c'est surtout en raison de la qualité. La méthode galloise, très-ingénieuse et très-simple, malgré sa complication apparente, permettait de faire de bon cuivre avec des minerais souvent très-impurs que l'on n'aurait pu traiter nulle part ailleurs ; mais le succès de cette méthode était basé précisément sur la grande variété des matières élaborées et sur la qualité exceptionnelle de certaines d'entre elles ; or, celles-ci venant à manquer, tout le système est compromis, et il est incontestable que les procédés de traitement devront être avant peu complétement modifiés, ce qui entraînera le changement du mode d'essai adopté à Swansea, et causera, par suite, sur ce marché une perturbation générale. Ce fait n'est certes pas le premier exemple de la transformation et du déplacement d'une industrie longtemps florissante, mais il est rare qu'il s'en présente d'aussi rapides et d'aussi complets, et il donne la mesure de ce que l'on peut à la fois craindre et espérer de la mise en œuvre des ressources inépuisables dont la nature a si libéralement doté le sol du continent américain.

§ 5. — Autres pays d'Europe.

Après l'Angleterre, les pays producteurs de cuivre sont principalement la Russie, la Suède et la Norwége, l'Autriche, la Prusse, la Turquie, l'Espagne et l'Italie; leur situation a en général peu varié, excepté toutefois pour la Russie, où la découverte récente des gîtes de cuivre natif et de cuivre pyriteux de la steppe des Kirghiz va certainement amener un développement progressif de la production métallurgique. Il y a bien, il est vrai, des raisons de distances et des difficultés de transports qui pourront au début enrayer ce mouvement, mais, par contre, l'existence à proximité des exploitations d'un bassin houiller qui fournit déjà près de 6 millions de kilogrammes par an en assure l'avenir et la durée. Les mines sont situées à 75 kilomètres de l'Irtyche et occupent une étendue d'environ 1,500 kilomètres carrés; le minerai de cuivre, dont la teneur varie ordinairement de 12 à 58 pour 100 et est quelquefois bien supérieure, y est accompagné de minerais de fer et de plomb argentifère; plusieurs gisements sont déjà exploités, et l'on a pu voir au palais du Champ-de-Mars de beaux échantillons de cuivre natif présentés par MM. Nicolas et Alexandre Popoff, en même temps que des minerais divers, des cuivres métalliques, des plombs et des fragments de houille. Jusqu'à présent, en dehors des mines de l'Altaï, qui appartiennent à l'empereur et qui produisent annuellement de 5 à 600 tonnes, la presque totalité des cuivres russes était fournie par les gouvernements de Perm, d'Orembourg et d'Oufa, où se trouvent les mines et usines du prince Paul Demidoff et celles de MM. Alexandre et Nicolas Paschkoff. L'ensemble de ces établissements, dont les produits ont dignement figuré à l'Exposition de 1867, a livré chaque année près de 5,000 tonnes de cuivre à la consommation du pays ou à l'exportation.

Le traitement métallurgique généralement suivi est bien connu; toutefois, on a dans ces derniers temps fait dans l'Oural l'application à la fusion des minerais sulfureux d'un four nouveau imaginé par M. W. Rachette, et destiné, selon son inventeur, à remplacer utilement le fourneau à manche. Ce four, dont le modèle a été exposé dans la section russe du palais, est une sorte de demi-haut fourneau de 6 à 7 mètres de hauteur, dont le creuset est formé de plaques de fonte creuse, à circulation intérieure d'eau froide. Sa section a la forme d'un rectangle allongé, sur les grands côtés duquel sont distribuées les tuyères au nombre de 6 à 12; la coulée des scories et du métal se fait en même temps par les deux extrémités.

On peut passer dans un four de ce genre 50,000 kilogrammes de lit de fusion en 24 heures; c'est environ dix fois la quantité fondue dans les anciens fourneaux; mais cette énorme production peut être un embarras plutôt qu'un avantage, si l'on n'est pas parfaitement sûr de la marche régulière de l'appareil et de la composition constante des matières à traiter; car, avec de semblables masses, le moindre dérangement acquiert une sérieuse importance. Le même fourneau a du reste été appliqué dans le Hartz au traitement des minerais de plomb argentifères, et nous ne pouvons que renvoyer, pour plus de détails, au rapport de M. Rivot sur le plomb et l'argent, dans lequel il en est fait une description complète.

Les mines d'Atvidaberg et de Stora Kopparberg, en Suède, celles de Röros en Norwége, et quelques autres moins considérables renferment des minerais d'excellente qualité, qui donnent pour les deux royaumes scandinaves un rendement annuel d'environ 3,000 tonnes.

Les mines et les usines du pays de Mansfeld, qui ont exposé un ensemble des plus complets des produits de l'exploitation et du traitement métallurgique, fournissent environ 2,200 tonnes. Ces établissements sont de beaucoup les plus importants de l'Allemagne, dont la production tout entière ne dépasse pas 3 millions de kilogrammes.

L'Espagne donne environ 2,000 tonnes, provenant surtout de la province de Huelva; l'Italie, un millier de tonnes, provenant de la Toscane et de la Vénétie; la Turquie, 1,000 à 1,200 tonnes, tirées de l'Asie-Mineure.

En résumé, l'on peut évaluer la production annuelle du cuivre dans le monde entier à 75,000 tonnes, chiffre dont les trois cinquièmes environ sont fournis par le nouveau monde.

Les prix, qui ont subi une baisse considérable depuis plusieurs années, varient aujourd'hui entre 2,000 et 2,500 francs la tonne, avec une différence en moins d'environ un tiers par rapport à ce qu'ils étaient précédemment.

Nous n'avons pas parlé jusqu'ici de la France, c'est que, bien qu'elle compte sur plusieurs points de son territoire ou de ses possessions algériennes un certain nombre de mines de cuivre, la production du ce métal y est presque nulle, les usines françaises se bornant en général au raffinage et à la mise en œuvre des cuivres bruts tirés de l'Amérique du Sud. Parmi les mines en exploitation, nous n'avons guère à mentionner que celles de Chessy et Saint-Bel, dans le département du Rhône, d'où l'on extrait chaque année de 75 à 80,000 tonnes de pyrites cuivreuses, employées, pour la plus grande partie, à la préparation de l'acide sulfurique et des sulfates métalliques.

Par contre, les usines d'élaboration sont nombreuses, et la quantité de produits qu'elles livrent annuellement à la consommation dépasse 18,000 tonnes. La réunion des exposi-

tions de ces usines formait une des catégories les plus intéressantes de la classe 40, et les spécimens variés qui y figuraient
offraient une supériorité incontestable sur les produits similaires des industries étrangères.

Parmi les établissements les plus importants, nous citerons
ceux de MM. Laveissière et fils, à Saint-Denis et à Paris, Estivant frères, à Givet, Létrange et Cie, à Romilly, Oeschger et
Mesdach, à Biache-Saint-Vaast, Mouchel, à Laigle, et Mathier et
fils, à Toulouse, qui tous présentaient des séries de produits
coulés, laminés, étirés ou martelés, se recommandant autant par
le degré de la qualité que par le fini du travail, L'on a particulièrement remarqué les tubes sans soudure, à grand diamètre,
exposés par MM. Estivant et Laveissière, et obtenus à l'aide du
martelage ou de l'étirage sur mandrin d'une virole de cuivre
amincie graduellement et en même temps allongée sous le choc
des marteaux ou par la presssion de la filière ; la maison Estivant exposait également des planches d'une grande beauté en
cuivre rouge et en laiton, et la maison Laveissière, des cylindres
pour impressions sur étoffes et des foyers de locomotive d'une
excellente fabrication. L'exposition de M. Létrange se re-
commandait surtout par ses articles de laminage et de grosse
chaudronnerie, celle de MM. Oeschger et Mesdach, par ses
alliages monétaires ; celle de M. Mouchel, par ses fils de
laiton d'une extrême finesse. Ce dernier industriel a d'ailleurs,
dans la fabrication spéciale du laiton, une réputation depuis
longtemps établie, qu'il partage aujourd'hui avec MM. Bara-
guey-Fouquet, de La Neuve-Lyre, Philémon Fouquet et Cie,
Lemaréchal et Cie, de Rugles, R. Cubain, de Verneuil, Delâge
et Boudinot, d'Angoulême.

Il convient également de mentionner, pour le laminage de
précision, l'usine de MM. Griset et Cie, de Paris, qui fabriquent
aussi des cylindres de laminoir en acier trempé d'une grande
perfection, et celle de M. Godart, de Navarre, près Évreux,
où s'exécutent des planches planées pour la gravure d'une
dimension exceptionnelle et d'un fini irréprochable.

Nous aurions encore bien des noms à rappeler, si les limites assignées à ce chapitre nous permettaient de nous étendre sur les industries de détail se rapportant à l'élaboration du cuivre et de ses alliages; dans tous les cas, nous ne saurions passer sous silence les remarquables spécimens d'emboutissage exposés par M. Gueldry, directeur de la Compagnie d'Audincourt, à Paris, et par M. Florange, fondateur de la Société française d'Orfèvrerie, spécimens qui montrent le parti que l'on peut tirer de l'emploi intelligent de la presse hydraulique, substitué aux procédés incertains de l'estampage, ou au travail lent et coûteux du marteau.

Enfin, en terminant, nous signalerons le rang distingué qu'occupaient, à l'Exposition, deux autres industries françaises : la robinetterie et la fonderie de cloches. La première a fait dans notre pays, depuis quelques années surtout, des progrès que nous sommes heureux de constater; aussi était-elle représentée par des produits nombreux et recommandables à divers titres; nous indiquerons, comme principalement dignes d'intérêt, les assortiments de pièces de toutes dimensions, en bronze ou en laiton, pour distributions d'eau ou de vapeur, exposés par MM. V. Thiébaut, Broquin et Lainé, et Herdevin, de Paris, auxquels nous n'avons trouvé à comparer, dans les sections étrangères, que la collection de robinets et d'appareils de sûreté de MM. J. Whitley et Cⁱᵉ, de Leeds, en Angleterre, et l'ensemble des produits en laiton de la maison Wieland, d'Ulm, en Wurtemberg.

Quant aux cloches, dont la fabrication a été de tout temps une des spécialités de l'industrie française, elles sont restées à la hauteur de leur ancienne renommée, et, bien qu'il ait été difficile, en raison des conditions d'emplacement, d'apprécier d'une manière complète leurs qualités comme instruments harmoniques, l'on a pu cependant rendre justice à la perfection de leur exécution. Plusieurs fondeurs bien connus avaient installé dans le parc des séries de cloches extrêmement remarquables comme pièces de moulage, et donnant des notes ou des accords d'une grande justesse et d'une grande pureté de son ; dans le nombre nous nous plaisons à citer MM. Hildebrand, de Paris, Guillaume, d'Angers, Goussel, de Metz, et A. Havard, de Villedieu, qui nous ont paru l'emporter sur leurs concurrents français ou étrangers.

PARIS, IMP. PAUL DUPONT, RUE DE GRENELLE-SAINT-HONORÉ, 45.

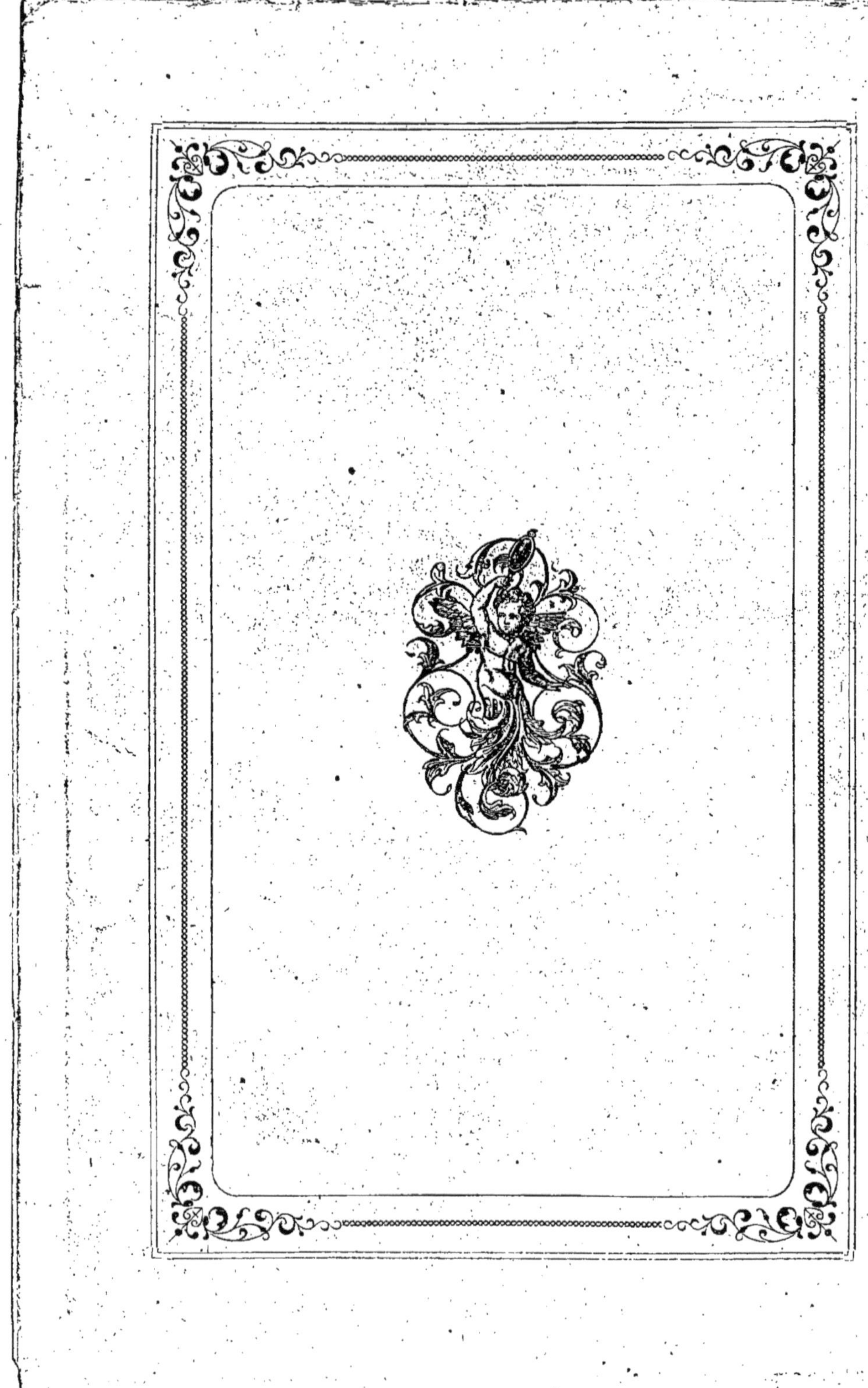